新电商精英系列教程

跨境电商物流

阿里巴巴商学院　编著

电子工业出版社

Publishing House of Electronics Industry

北京·BEIJING

内 容 简 介

"电商精英系列教程"自 2011 年问世以来，伴随国内的电子商务大潮，已经热销 100 多万册，两次荣获电子工业出版社品牌奖，成为全国范围内颇具影响力的电子商务系列教程，是几代电商人和院校学生学习的"绿色记忆"。中间经过几个版本的更新迭代，2023 年，"新电商精英系列教程"第 3 版问世了！

本套书均配有 PPT 课件，由阿里巴巴商学院召集多位优秀电商讲师和电商领域的专家学者编写，丛书包括 8 本：《网店推广》（第 3 版）、《电商直播》、《电商运营》（第 3 版）、《网店美工》（第 3 版）、《网店客服》（第 3 版）、《跨境电商物流》、《跨境电商营销》、《跨境电商独立站运营》。

本书内容涵盖跨境电商物流概述、跨境电商物流的生态系统介绍、跨境电商物流的发展历程、跨境电商物流的运作流程、跨境电商物流的实操、海外仓的实操和运营、跨境电商物流信息系统介绍、跨境电商物流技术、新兴数字技术与跨境电商物流。本书对跨境电商物流相关知识进行了全面且详细的介绍，并有配套课后习题，可以让读者快速、系统地掌握跨境电商物流的核心知识。

本书可作为各类院校电子商务及相关专业的教材，也可作为网络创业者和电子商务从业人员的参考用书。

图书在版编目（CIP）数据

跨境电商物流 / 阿里巴巴商学院编著. -- 北京：
电子工业出版社, 2025. 1. -- （新电商精英系列教程）.
ISBN 978-7-121-49241-9

Ⅰ. F713.365.1

中国国家版本馆 CIP 数据核字第 2024H1C591 号

责任编辑：张彦红　　　特约编辑：田学清
印　　刷：天津丁鹤文化传播有限公司
装　　订：天津千鹤文化传播有限公司
出版发行：电子工业出版社
　　　　　北京市海淀区万寿路 173 信箱　　邮编：100036
开　　本：787×980　　1/16　　印张：18　　字数：337 千字
版　　次：2025 年 1 月第 1 版
印　　次：2025 年 1 月第 1 次印刷
定　　价：69.00 元

"新电商精英系列教程"编写委员会

前 言

"电商精英系列教程"自 2011 年问世以来,伴随国内的电子商务大潮,已经热销 100 多万册,两次荣获电子工业出版社最佳品牌奖,成为全国范围内颇具影响力的电子商务系列教程,是几代电商人和院校学生学习的"绿色记忆"。

2016 年,电子工业出版社推出丛书升级版"新电商精英系列教程"。2019 年,"新电商精英系列教程"第 2 版问世!2023 年,"新电商精英系列教程"第 3 版(即本套丛书)问世!

本套丛书为电商创业者、从业者和大中专院校的电商相关专业学生提供了一系列体系化、实践性和可操作性的电商知识。这些知识不仅让电商行业人才的技能及素质得到了极大提升,更让我们一起见证了电商行业最激动人心的时代!

实践总是超前于理论的发展,系统的学习必须对来自实践的知识进行梳理与总结。阿里巴巴商学院发起了此轮(第 3 版)修订工作,旨在"培养一批能够适应新技术和新模式快速涌现的电商实操型人才"。我们密切关注新经济趋势,深度调研电商行业人才能力构成,并严格把关教材内容和作者筛选。历时近六个月,在三十余位活跃于电商一线的资深创业者、优秀商家,以及数十位电子商务领域的专家学者的共同努力下,我们完成了这套升级版"新电商精英系列教程"。本次修订体现了以下几个新特点。

第一,升级版教材更符合电商前沿知识体系需求。

在多位专家讨论的基础上,升级版教材新增和优化了跨境电商独立站运营、跨境电商营销、跨境电商物流三个专题,进一步契合移动互联网时代及全球化电商运营的现实场景,为电商从业人员提供了更系统的基础知识。通过这三个专题,读者可以更深入地了解电商的最新发展趋势和运营方法,从而更好地应对市场变化和提高竞争力。

第二,电商"产教"整合,实现优质内容发布。

编写委员会邀请实操经验丰富的电商企业家和创业者、教育部电子商务专业教育指导委员会专家，以及高等院校一线教师共同参与编写书目，既保证了内容具有切实的指导性和可操作性，也保证了图书内容的逻辑性和条理性。通过"产教"整合，本丛书能够更好地满足电商行业从业者的实际需要，提高读者的学习效果。

第三，全方位优化设计，提高电商相关专业学习体验。

编写团队在创作初期便充分考虑如何将升级版教材更广泛地应用到全日制高等院校中的电商相关专业。在内容上，本书结合高等院校学生培养特点做了相关设计，如在各章都安排了习题及答案等。这些优化的设计可以帮助读者更深入地理解和掌握电商知识，让学习过程更加轻松、简单和有效。

本书是本轮升级版教材的重要组成部分，全书共9章，其中第1章由李广、黄正余、上官洪贵编写，主要内容是跨境电商物流概述，包括跨境电商物流的定义、分类及发展现状等；第2章由王永强、上官洪贵编写，主要内容是跨境电商物流的生态系统介绍，涵盖了跨境电商物流的运作模式、运输渠道和发货类型；第3、4章由景富忠编写，主要内容是跨境电商物流的发展历程、跨境电商物流的运作流程，其中跨境电商物流的发展历程包括跨境电商物流行业发展历史、现状与全球洞察，跨境电商物流的运作流程包括国内段的首公里环节、国内段出口报关、国内到国外段干线运输环节、国外段的进口清关与转运环节、国外分拨环节、末端配送环节等；第5、6章由曹璠编写，主要内容是跨境电商物流的实操、海外仓的实操和运营，包括典型跨境电商B2C平台与B2B平台的后台操作和物流介绍、海外仓的运营与海外仓系统操作说明；第7、8章由刘芳、上官洪贵编写，主要内容是跨境电商物流信息系统介绍、跨境电商物流技术，介绍了跨境电商物流信息系统与海外仓物流信息系统的构建、典型的跨境电商物流技术等；第9章由李广、黄正余、上官洪贵编写，主要内容是新兴数字技术与跨境电商物流，介绍了新兴数字技术及其在跨境电商物流中的应用。此外，范志刚、孙璐等人也为本书的编写做出了贡献。

本书凝聚了诸多优秀商家的智慧与心血，编写工作得到了政产学各界领导、专家、学者的关心和支持，部分素材、数据来源于行业内权威的研究机构及相关网站，在此一并表示感谢！

由于电商行业的发展日新月异，编写团队水平有限，书中难免有不足之处，敬请广大读者指正。

提示：本书中部分数据涉及四舍五入。

"新电商精英系列教程"编写委员会

目　录

第 1 章　跨境电商物流概述 1

1.1　跨境电商的概念 2

1.2　跨境电商物流的定义 2

1.3　跨境电商物流与跨境电商的关系 3

1.4　跨境电商物流的分类 4

　　1.4.1　进口跨境电商物流 4

　　1.4.2　出口跨境电商物流 5

1.5　跨境电商的特征 7

1.6　跨境电商物流的发展现状 8

1.7　跨境电商物流的发展方向 9

本章习题 10

第2章　跨境电商物流的生态系统介绍 12

　　2.1　跨境电商物流的运作模式 13

　　　　2.1.1　第一方物流 13

　　　　2.1.2　第二方物流 14

　　　　2.1.3　第三方物流 14

　　　　2.1.4　第四方物流 14

　　2.2　跨境电商物流的运输渠道 15

　　　　2.2.1　海洋运输 15

　　　　2.2.2　航空运输 22

　　　　2.2.3　道路运输 27

　　　　2.2.4　铁路运输 28

　　2.3　跨境电商物流的发货类型 29

　　　　2.3.1　邮政物流 30

　　　　2.3.2　专线物流 31

　　　　2.3.3　海外仓 33

　　本章习题 36

第3章　跨境电商物流的发展历程 38

　　3.1　跨境电商物流行业发展历史 39

　　　　3.1.1　第一阶段（2005—2014）：以邮政物流为主导的直发模式 39

　　　　3.1.2　第二阶段（2015—2021）：专线物流与海外仓的双驱动模式 40

　　　　3.1.3　第三阶段（2022年至今）：全球化跨境网络与供应链协同模式 42

3.2 跨境电商物流行业现状 43

3.3 跨境电商物流行业全球洞察 46

　　3.3.1 北美市场情况分析 46

　　3.3.2 东南亚市场情况分析 48

　　3.3.3 非洲市场情况分析 52

　　3.3.4 俄罗斯与中亚市场情况分析 53

本章习题 56

第 4 章 跨境电商物流的运作流程 58

4.1 国内仓——国内段的首公里环节 59

　　4.1.1 揽收 59

　　4.1.2 仓内操作 60

　　4.1.3 出库 61

4.2 出口报关——国内段出口报关 63

　　4.2.1 市场采购 63

　　4.2.2 一般贸易 66

　　4.2.3 跨境电商 9610 模式 68

　　4.2.4 跨境电商 9710 模式 70

　　4.2.5 跨境电商 9810 模式 73

4.3 干线——国内到国外段干线运输环节 76

　　4.3.1 海洋运输的操作流程 76

　　4.3.2 航空运输的操作流程 77

　　4.3.3 铁路运输的操作流程 79

4.3.4 公路运输的操作流程 80

4.3.5 国际商业快递运输的操作流程 81

4.4 关务——国外段的进口清关与转运环节 82

4.4.1 代理清关 82

4.4.2 自营清关 84

4.5 国外分拨环节 85

4.5.1 拆柜 85

4.5.2 理货 86

4.5.3 上架 87

4.6 末端配送环节 89

4.6.1 快递配送 90

4.6.2 卡车配送 92

4.7 B2C 跨境出口的物流模式选择 93

4.7.1 跨境电商物流全流程 94

4.7.2 跨境直发模式与海外仓模式 94

本章习题 96

第 5 章 跨境电商物流的实操 98

5.1 跨境电商 B2C 平台——亚马逊后台操作和物流介绍 99

5.1.1 基本情况介绍 99

5.1.2 选品和发货方式 100

5.1.3 上传商品 102

5.1.4 刊登多属性商品 104

5.1.5 出单和发货 106

5.1.6 订单配送与订单完成和评价 112

5.1.7 亚马逊常见问题说明 114

5.2 跨境电商 B2C 平台——沃尔玛后台操作和物流介绍 116

5.2.1 基本情况介绍 116

5.2.2 操作说明 117

5.3 跨境电商 B2C 平台——全球速卖通后台操作和物流介绍 135

5.3.1 基本情况介绍 135

5.3.2 申请账号 136

5.3.3 后台介绍 137

5.3.4 商品上架 137

5.3.5 发货流程 144

5.3.6 物流模板设置 147

5.4 跨境电商 B2C 平台——Temu 后台操作和物流介绍 149

5.4.1 基本情况介绍 149

5.4.2 申请账号 149

5.4.3 后台介绍 154

5.4.4 发布商品 155

5.4.5 发货流程 158

5.5 跨境电商 B2B 平台——阿里巴巴国际站后台操作和物流介绍 160

5.5.1 基本情况介绍 160

5.5.2 店铺注册流程与后台介绍 161

5.5.3 产品发布与管理 162

5.5.4 发货及物流选择 168

5.5.5 商机获取和询盘 172

本章习题 173

第6章 海外仓的实操和运营 175

6.1 海外仓的意义 176

6.2 海外仓的运营 177

6.2.1 海外仓的业务流程 177

6.2.2 海外仓业务及相关内容介绍 184

6.3 海外仓系统操作说明 193

6.3.1 用户设置 193

6.3.2 入库管理 195

6.3.3 预约管理 197

6.3.4 仓库转运 198

6.3.5 仓库调拨 198

6.3.6 销售管理 199

6.3.7 销毁弃货 202

本章习题 203

第7章 跨境电商物流信息系统介绍 204

7.1 跨境电商物流信息系统概述 205

7.1.1 物流信息的定义 205

7.1.2 物流信息系统的定义 205

7.1.3 跨境电商物流信息系统的意义 206

7.1.4 跨境电商物流信息系统的基本功能 208

7.1.5 跨境电商物流信息系统的特点 211

7.2 跨境电商物流信息系统构建 212

7.2.1 跨境电商物流信息系统构建原则 212

7.2.2 跨境电商物流信息系统构建过程 214

7.2.3 跨境电商物流信息系统案例分析 216

7.3 海外仓物流信息系统 218

7.3.1 海外仓物流信息系统概述 218

7.3.2 海外仓订单管理系统 222

7.3.3 海外仓仓储管理系统 224

7.3.4 海外仓运输管理系统 225

7.3.5 海外仓财务管理系统 226

本章习题 227

第8章 跨境电商物流技术 229

8.1 条形码 230

8.1.1 条形码技术概述 230

8.1.2 一维条码 230

8.1.3 二维码 231

8.1.4 商品条码 231

8.1.5 条形码应用 232

8.2 物流信息分类与编码 233

   8.2.1 信息分类 233

   8.2.2 信息编码 233

   8.2.3 物流信息分类编码标准 234

8.3 射频识别技术 235

   8.3.1 射频识别介绍 235

   8.3.2 射频标签分类 235

   8.3.3 射频标签的工作方式 236

   8.3.4 射频识别技术的特点 236

   8.3.5 射频识别技术 EPC 标准与 GS1 体系的融合与应用 237

   8.3.6 射频识别技术应用 238

8.4 电子数据交换 239

8.5 全球定位系统 240

8.6 地理信息系统 241

8.7 自动分拣系统 242

8.8 无人配送 244

8.9 运筹学 245

8.10 第五代移动通信技术 246

本章习题 246

第 9 章 新兴数字技术与跨境电商物流 248

9.1 大数据技术 249

   9.1.1 大数据技术概述 249

9.1.2 物流企业应用大数据技术的优势 250

9.1.3 大数据技术在物流企业中的具体应用 251

9.2 物联网 253

9.3 云计算 254

9.4 人工智能 254

9.4.1 人工智能概述 254

9.4.2 人工智能在物流行业中的具体应用 256

9.5 区块链技术 257

9.5.1 区块链技术的概念 257

9.5.2 区块链技术的影响 259

9.6 全产业链解决方案 260

本章习题 262

附录 A 习题答案 263

第 1 章

跨境电商物流
概述

近年来,我国跨境电商发展迅速,而跨境电商物流则成为这一进程的重要支撑与保障。与大家熟悉的国内快递服务相比,跨境电商物流在流程、系统、节点等方面的复杂程度明显提高,目前已成为制约跨境电商发展的主要痛点和瓶颈。

在多方关注下,诸多政策相继出台,以促进跨境电商物流建设。同时,信息技术的广泛应用也为跨境电商物流行业注入了新活力,进一步推动了该行业的快速发展。

1.1 跨境电商的概念

跨境电商即跨境电子商务,英文为 Cross-border Electronic Commerce。我们可以从广义和狭义两个维度来理解跨境电商。

(1)广义上,跨境电商是指两个不同关境(海关境界的简称)的交易主体通过互联网和跨境国际贸易的方式,将传统的进出口贸易中的展示、洽谈和成交环节进行电子化和网络化,并通过跨境电商物流把商品运送给消费者,以完成交易的一种国际商业活动。因此,广义的跨境电商实际上就是把传统的进出口贸易进行电子化、网络化,它涉及商品与服务的在线交易,如电子贸易、在线数据传递、电子支付、电子货运单证传递等,以及与跨境电商相关的电子化服务,如国际供应链、跨境电商物流、跨境通关、平台推广等。广义的跨境电商是电子商务实践和应用的相对高级的表现形式。

(2)狭义上,跨境电商是指两个不同关境的交易主体通过电子商务的方式达成交易意向,并进行支付清算,之后通过跨境电商物流将商品运送给消费者,以完成交易的一种商业活动。其主要针对一般小额交易的企业类商家和个人消费者。在实际业务中,从海关统计口径看,狭义的跨境电商主要指跨境零售。

1.2 跨境电商物流的定义

跨境电商物流即跨境电子商务物流,是随着跨境电商交易规模的快速扩大而出现和发展起来的。跨境电商需求的增长是跨境电商物流发展最主要的驱动力。消费者对网络购物的需求不断增长,推动了跨境电商的持续和快速发展,也为跨境电商物流的发展提供了充足的动力。随着跨境电商成交金额和成交数量的不断增加，跨境电商物流的规模和货量也在不断增长。如同目前国内电商发展的轨迹一样，跨境电商的发展需要物流、信息流和资金流等的综合协同发展，而跨境电商物流作为非常重要的环节，对跨境电商行业的发展起着重要的作用。

通常，跨境电商物流系统包括仓储、运输、配送、流通、物流包装、装卸搬运和物流信息 7 个子系统，其中国际物流系统效率、质量、成本的优化和高效运作能有效促进跨境电商行业的发展。

跨境电商物流是指隶属于不同国家或地区的交易主体通过电商的方式达成交易，并在进行支付清算后通过跨境物流送达商品，进而完成交易的一种商务活动。跨境电商物流基于现代物流技术，利用国际化的物流网络、路径，对商品进行位移，从而达成交易的目的，实现卖方交付单证、商品和收取货款，买方接收单证、支付货款和收取商品的国际商品交易。

与传统物流相比，跨境电商物流具有以下特点。

（1）跨境交易的主体分别隶属于两个不同的关境。

（2）由于商品需要实现位置的跨境转移，因此跨境电商物流通常由境内物流、国际干线物流、目标国家（地区）物流三部分构成。

知识拓展

物流（Logistics）的原意为"后勤"，是供应链诸多环节的一部分，是指为了满足消费者的需要而对商品从产地到消费地的高效、低成本流动和存储进行的规划、实施与控制的过程。

物流由商品的仓储、运输、配送、包装、装卸搬运、流通加工，以及相关的物流信息等环节构成。

1.3 跨境电商物流与跨境电商的关系

1. 跨境电商物流为跨境电商提供履约交付服务

跨境电商的运营会涉及信息流、资金流，这些都可以通过计算机网络系统完成。可是，商品的运输交付是没有办法在虚拟的网络空间完成的，只能通过跨境电商物流在线下完成。

2．跨境电商物流的服务水平影响跨境电商的效率和收益

国际贸易如今呈现出小批量、多频次、快速发货的特点。在此情况下，进出口的零售商需迅速响应消费者的需求，借助网络渠道和电商平台，通过跨境电商物流将商品尽快运送到消费者手中。而跨境电商物流服务的质量、成本，以及服务和交付的速度会成为跨境电商服务的竞争优势，直接影响和决定跨境电商的效率和收益。

3．跨境电商物流的履约价格影响跨境电商的收益

仓储成本、物流成本和包装成本共同构成了跨境电商的履约成本，其中国际物流是跨境电商商品交易必不可少的环节。跨境电商经营者需要提高物流响应的速度和客户服务的满意度，选择优质的第三方物流，或者发展自己的物流体系，这样对自己的企业更有利。

1.4 跨境电商物流的分类

1.4.1 进口跨境电商物流

跨境电商零售进口的初衷不是替代一般的贸易进口，而是提升消费者的购物体验，促进消费多元化，内生支撑消费增长。我国主动扩大进口规模，体现了对多边贸易和自由贸易市场经济发展的支持，为世界经济增长创造了新需求、注入了新动力，有利于推动建设开放型世界经济。

我国消费者对于跨境商品的消费逐渐趋于理性。进口电商全面布局海外仓、保税仓等多种履单方式。

进口物流主要通过清关方式来区别，并且将各环节串成完整的线路。比如，什么样的商品从哪个国家发货，采用什么样的运输方式和仓储方式，从哪个口岸进境，采用什么样的清关方式，以及用什么快递将商品送到我国消费者手中。

跨境电商进口物流面临的难点就是上游海外供应链。所有的销售方都需要有非常稳定的货源，而商品本身的特性与价值决定了供应链的不同。

就海外仓来说，其可以提供商品通关所需的资质、单据证明，还可以接收商家、代购、平台发往国内的零散代购订单，提供分拣打包服务，以及远程虚拟库存监控和管理商品的发货方式。

海外仓还衍生了直供的社交电商模式及 S2B2C 代发货模式。其中，S 是指供应商或供应链服务商（采购、运输、仓储、品控等），B 是指利用各类互联网平台或工具在网上零售商品的商家，C 是网购的消费者。当 C 向 B 下单后，B 会将订单信息推送给 S，由 S 代为向 C 发货，S 与 B 以批发或"分销+佣金"的方式合作。这就需要整合前端运营、营销与客户服务，以及后台的线上线下渠道、供应链及仓储物流的综合能力，提供仓储系统、清关系统（保税、快件直购等）、供销平台（分销商、供应商）、货代系统、多口岸管理等信息技术支持，构建针对跨境电商全产业链的 SaaS（Software as a Service，软件即服务）平台。

清关是进口跨境物流的关键一环，全程运输时限常取决于清关流程的快慢。物流服务商的通关能力决定进口流程的快慢，谁清关效率高、税费低，谁就能快速占领市场。为提高清关的效率，国际贸易"单一窗口"功能覆盖至海关特殊监管区和跨境电商综试区等相关区域，实现了进出境通关全流程无纸化。具体来讲，报关代理企业可直接登录"中国电子口岸"网站扫描并上传相关单证，系统会自动审核放行；凡是征税进口的商品，报关代理企业需在申报后 48 小时内缴纳税款，否则需重新申报并记入信用记录；与多国（地区）的商品原产地进行电子联网，实现了货物原产地核查、原产地预裁定等业务流程电子化；引导跨境电商企业规范商品信息备案，督促物流服务商严格遵守揽件验视规定，验证交易的真实性，引入物流轨迹数据。海关通过"监管方式代码"对进口的商品实施监管和统计，对不同的商品采用不同的监管及关税和增值税的征缴方式。

1.4.2 出口跨境电商物流

在跨境电商迅猛发展的同时，物流成本高、配送速度慢、服务水平低等已成为跨境电商物流亟待解决的问题。不同于国内物流，跨境物流的距离远、时间长、成本高，而且中间还涉及目的地清关（办理出关手续）等相关问题。面对各式各样的物流方案、物流服务商，选择适合自己的跨境电商物流模式至关重要。

我国出口跨境电商物流模式主要有以下五种。

1．邮政物流

邮政网络基本上覆盖全球，比其他任何物流渠道都要广，这主要得益于万国邮政联盟（Universal Postal Union，UPU）和卡哈拉邮政组织（Kahala Post Group，KPG）。万国邮政联盟是联合国主管国际邮政事务的专门机构，其通过一定的公约和规定来改进国际邮政服务，发展国际邮政服务合作。

但是，由于上述联盟、组织会员众多，而且各会员的邮政系统发展很不平衡，因此很难促成会员之间的深度合作。

2．国际商业快递

国际商业快递是指四大商业快递巨头，即 DHL（敦豪）、TNT（隶属于荷兰邮政）、FedEx（联邦快递）和 UPS（联合包裹）。这些国际商业快递商通过自建的全球网络，利用强大的 IT 系统和遍布世界各地的本地化服务，为网购中国产品的海外用户带来卓越的物流体验。

3．国内快递

中国跨境物流服务主要停留在传统的物流层面，缺乏高端增值物流服务。国内快递主要是指 EMS、顺丰速运、申通快递、圆通速递、中通快递、韵达速递等。在跨境物流方面，申通快递、圆通速递布局较早，顺丰速运的国际贸易更加成熟，EMS 的国际业务最齐全。

4．跨境专线物流

跨境专线物流，通常将商品先通过包机运输到海外，再通过合作公司送达目的国（地区）。跨境专线物流可以将大量商品集中在特定的国家或地区，通过规模经济降低成本。因此，其价格普遍低于国际商业快递。在时效方面，跨境专线物流比国际商业快递略慢，但比小包要快很多。市场上较常见的跨境专线物流有美国专线、欧洲专线、大洋洲专线和俄罗斯专线。

5．海外仓

海外仓储服务提供了一套综合性解决方案，旨在协助商家在其商品销售目的地进行高效的存储、分拣、包装及配送工作。该服务实现了从仓储到配送的一站式控制与管理，通常被简称为海外仓。在出口跨境电商物流中，海外仓储服务模式主要包括以下三个部分。

头程运输：中国商家通过海运、空运、陆运或联运将商品运送至海外仓库。

仓储管理：中国商家通过物流信息系统远程操作海外仓储商品，实时管理库存。

本地配送：海外仓储中心根据订单信息，通过当地邮政或快递将商品配送给消费者。

1.5　跨境电商的特征

1．服务侧更个性化

跨境电商企业打破了时间和空间的限制，让生产和消费过程和谐统一。跨境电商企业的供应链简单、高度开放、灵活。而跨境电商企业往往可以获得大量的消费信息和市场需求信息，从而提供更个性化的服务。

2．管理侧更自主

与传统企业相比，跨境电商企业采用的供应链管理方式更具自主性，特别是与传统的供应链管理方式相比，这种独特的管理方式能够起到更加积极的作用。

3．系统侧更集成

由于跨境电商交易活动是一个电子化、数字化、网络化的过程，因此交易活动的成功需要依赖高度共享和集成的信息系统。跨境电商企业以这样的信息系统为基础，可以以动态链接的形式建立跨境电商企业的供应链管理，实现高效、准确的信息传递。

4．渠道侧更高效

现在的跨境电商企业基本上都是通过零售订购和库存系统来开展电商活动的。跨境电商企业利用信息系统给各个零售商发送关于商品销售的通知，通过收集相关信息来确定库存数量和下一步的销售计划，并对零售商进行指导。这样，通过先进的营销渠道，跨境电商企业可以明显提高运营效率。

跨境电商和传统国际贸易模式在交易主体、交易环节、运作模式方面皆有所区别。因此，供应链作为跨境电商的行业纽带，也必须迅速完成从传统到现代的转型，为行业发展保驾护航。

1.6 跨境电商物流的发展现状

我国跨境电商物流的快速发展有效促进了国内商品出口的多元化发展，帮助更多小微企业加入跨境电商服务行列中，反过来也增加了跨境电商物流的业务量。但是，由于跨境电商物流周期长、成本高，因此会存在一些问题。

我国跨境电商物流主要存在以下问题。

1. 运作流程复杂

由于增加了海外仓储配送、海上运输等过程，以及清关等环节，跨境电商物流的整个链条比国内物流的链条更长、环节更多，并且涉及电商、海关、国检、商检、税务、外汇等众多主体，各项信息需互联互通，其运作流程自然也更加复杂。

2. 信息系统不发达

跨境电商物流涉及海量订单及海量 SKU（Stock Keeping Unit，指物理上不可分割的最小存货单位），但订单商品分散，而且需要快速完成订单拣选、配送及退换货处理等，因此，对物流系统自动化的要求相当高。而目前多数跨境电商企业发展时间短，自身积累不足，物流信息系统不够先进，自动化物流设备及技术引入较少，因此订单处理滞后、效率低、错误率高，库存管理混乱，尤其丢件等已成为困扰跨境电商发展的主要问题。

3. 服务水平不一

目前大型电商平台和第三方物流企业服务更加专业、运作更加规范，但中小物流企业的服务还存在诸多问题。例如，部分物流企业缺乏服务意识与诚信意识。有的物流企业承诺采用快捷的空运方式，但在收取昂贵的空运服务费后，实际上却使用低价、费时的海运，以获取更大的利润。

4．通关效率不高

通关效率主要是指承担商品运输的物流企业从报关开始到报关结束后放行所花费的时间。由于各国海关政策不同，有些国家的海关申报手续烦琐、时间长、费用高，并且经常发生进口国海关扣货查验的情况。查验结果通常是直接没收、退回或补充报关材料。对于直接没收或退回造成的损失，一般的跨境电商物流企业往往无法承受，而补充报关材料又会延误交期，可能导致消费者取消订单或拒绝付款。

5．逆向物流问题多

逆向物流是指在消费者发起退货申请，商家接受申请以后，商品从消费者手中退回商家手中的物流过程。在跨境运输过程中，多种原因会导致商品损坏，从而使消费者产生退换货的想法。此外，欧美等一些发达国家和地区存在"无理由退货"的消费习惯和文化，这使得退换货的现象更加普遍。跨境电商中的退换货问题堪称一大难题。由于跨境电商的逆向物流涉及两个或两个以上的国家和地区，因此退换货必然牵涉因过程烦琐造成的时间漫长问题及退税问题。退换货成本高、难度大，导致广大国外消费者最终放弃了退换货的想法，却也给消费者带来了不好的购买体验。

1.7　跨境电商物流的发展方向

传统物流企业对市场需求管理存在不足，难以大范围控制物流需求，往往会影响业务拓展。跨境电商的发展可以帮助跨境物流企业以更低的成本获得更多的业务资源，从而促进物流企业跨境业务的发展。

我国的跨境电商物流主要有以下三个发展方向。

1．布局境外仓储

境外仓储是指跨境电商企业在其主要的境外市场上建立自己的境外仓库，并且将商品运输到此境外仓库中存放。这时，境外消费者在计算机上下单后，跨境电商企业可以通过其境外仓库直接在当地配货。当完成配货后，大跨境电商企业可以利用境外物流进行配送，而中小跨境电商企业则可以将后续的配送任务转交给第三方物流企业。这种在境外建立仓库的模式可以帮助跨境电商企业提前将商品配送到目的国，并且不受商品质量与体积的限制。在主要的境外市场建立仓库的模式，能够极大地提高物流配送效率，降低物流成本，缩短消费者等待时间，且对于树立良好的企业形象，更好地服务消费者及提升其消费意愿具有很好的促进作用。此外，建立境外仓库也方便消费者退换货，从而提高跨境电商企业的售后服务水平和信誉度。对于那些热销品而言，建立境外仓库的意义十分明显。

2. 强化信息系统

在当今的经济发展中，信息技术所起到的作用十分重要，可以说，将传统产业与互联网的信息技术进行融合，是实现传统产业创新发展的主要途径。跨境电商物流是一种涉及信息十分复杂，但重复性又较高的产业，因此跨境电商物流信息系统的强化能更好地服务跨境电商发展，其也是跨境电商物流的发展方向。

3. 促使营销国际化

物流企业的发展离不开一定的规模效益，在跨境电商物流发展过程中，要想更好地支持跨境电商的发展，跨境电商物流企业也必须有一定的规模。随着市场竞争的日益激烈，要推动跨境电商物流企业的发展，就必须提升其市场营销能力，走国际化的市场营销道路。这样可以帮助跨境电商物流企业提升市场份额，而市场份额的提升能够进一步促进跨境电商物流企业的国际化发展。

本章习题

一、名词解释

跨境电商物流

二、选择题

（单选）以下哪种资源的流动无法通过计算机和网络在虚拟环境下实现？（　　）

A. 信息流　　　　B. 商流　　　　C. 资金流　　　　D. 物流

三、填空题

1. _____是联合国主管国际邮政事务的专门机构，其通过一些公约和规定来改进国际邮政业务，发展国际邮政服务国际合作。

2. 在出口跨境电商物流中，海外仓储服务模式主要包括_____、_____、_____三个部分。

四、简答题

与传统物流相比，跨境电商物流服务有什么不同之处？

第2章

跨境电商物流的
生态系统介绍

　　跨境电商的运作流程中有四个参与方：首先，跨境电商平台提供了交易场景支持；然后，卖家在平台提供了丰富的商品类目；接着，买家根据自己的需求选择商品并付款；最后，物流企业负责将商品送达买家手中。在这个流程中，跨境电商平台、卖家、买家、物流企业是跨境电商的四个核心要素。

　　前面三个环节可以通过互联网实现，而最后一个环节——物流，是需要将包裹从卖家仓库寄到买家手中，实现空间位移的，其背后有一个非常丰富的跨境电商物流生态系统在提供支持。

　　本章从跨境电商物流的运作模式、运输渠道、发货类型三个维度来介绍跨境电商物流生态系统是怎么在背后提供支持的。

2.1　跨境电商物流的运作模式

　　根据物流承担方的不同，我们可以将跨境电商物流的运作模式划分为第一方物流、第二方物流、第三方物流、第四方物流。随着电商的发展，第五方物流的概念也被慢慢提及，在这里我们主要介绍前面四种。

2.1.1　第一方物流

　　第一方物流（the First Party Logistics，1PL），即卖方提供的物流运输服务，通常被理解为自营物流。

　　举个例子，A 先生在超市购买了 10 箱矿泉水，超市安排自己的配送人员将这 10 箱矿泉水送到 A 先生家中。在这个例子中，超市作为卖家，不仅提供了商品，还提供了自己的物流服务，这就是第一方物流的一种形态。

　　这种物流运作模式的一大优点是有时效保障，但也意味着搭建的成本较高。卖方既要经营商品，也要经营物流，需要规模效应平摊成本。

2.1.2 第二方物流

第二方物流（the Second Party Logistics，2PL），即由买方提供的物流运输服务，一般被理解为买方物流。

举个例子，A 先生在超市购买了 10 箱矿泉水，A 先生自己用车将这 10 箱矿泉水运回家中。在这个例子中，A 先生作为买家，购买了商品，也用自己的物流服务实现了商品的空间位移，这就是第二方物流的一种形态。

2.1.3 第三方物流

第三方物流（the Third Party Logistics，3PL），即第三方（非买卖双方）——物流企业来提供的物流运输服务。第三方物流通过与买方或卖方合作，为其提供专业的物流服务。

举个例子，A 先生在超市购买了 10 箱矿泉水，超市委托 B 公司将 10 箱矿泉水送到 A 先生家中，这就是第三方物流的一种形态。

从第三方物流开始"委托"的概念就出现了，即让专业的人（物流企业）做专业的事（物流服务）。优点是为跨境电商平台提供具体的物流服务；缺点是受制于技术的发展，能为客户提供的增值服务较少。

2.1.4 第四方物流

第四方物流（the Forth Party Logistics，4PL）的概念在 20 世纪 90 年代末才被提及，可被理解为供应链的集成商，能为第一方（卖家）、第二方（买家）、第三方（物流企业）提供定制化供应链解决方案。第四方物流是对第三方物流的升级，其核心优势是可以提供定制化服务。

举个例子，A 先生上午 8 点在超市购买了 10 箱饮料，要求在当天下午 4 点前将冷藏后的饮料送到 B 公司；C 公司接到超市的订单以后安排 C1 公司在上午 9 点取走饮料，并于上午 10 点将其运送到 C2 公司的仓库冷藏；下午 2 点，C1 公司取走冷藏好的饮料，并于下午 4 点前送到 B 公司。

第四方物流目前还处在发展初期。菜鸟不仅能提供跨境电商物流与电商综合供应链，还能为不同的行业提供解决方案，是第四方物流的代表，如图 2-1 所示。

图 2-1　菜鸟提供的行业解决方案

2.2　跨境电商物流的运输渠道

2.2.1　海洋运输

1．海洋运输的基本概念

海洋运输（海运）由于其经济性，已经成为企业采购大宗货物的首选物流方案。海洋运输的典型代表企业标志如图 2-2 所示。

图 2-2　海洋运输的典型代表企业标志

海洋运输可分为班轮运输和租船运输。

班轮运输，是指以进行货物运输并按照事先公布的费率表收取运费的一种运输方式。在特定的航线上和既定的港口之间，航运公司的船舶按照联盟或企业间规定的船期表进行有规律的、循环的航行。其主要服务对象是非特定的、分散的货主。

租船运输，是指以大型零售商、国际货代为代表的租船人向航运公司租赁船舶，用于大宗货物运输的一种方式。船舶的航线、港口、货物种类、运行时间等都是按照承租人的要求，由船舶所有人确定的。

海洋运输的优点如下。

- 通过能力强：借助天然航道航行，不受道路、轨道限制。
- 运载量大：第五代集装箱船的载箱能力已超过 5000TEU（集装箱计量单位），一艘一万吨船舶的载重量相当于 250~300 个车皮的载重量。
- 运费低：海洋运输的运输通道是天然形成的，港口设施一般为国家所建设，这使得航运公司可以节省大量用于基础设施的投资，从而将运费控制在较低的水平。

海洋运输的缺点如下。

- 受气候、地区影响大：海洋运输容易受到国际法律、政治形势、自然条件等外在因素的约束与影响。
- 灵活性不高，航速较慢：船舶体积大，航线水流阻力大，因此灵活性不高，航速较慢。
- 投资大，回收期长：航运公司订造或购买船舶需要大量资金，投资大，回收期长。

2. 三大海运联盟基本介绍

海运市场的航运公司主要分为三大海运联盟：2M 联盟、THE 联盟、OA 联盟。

法国海事咨询机构 Alphaliner 调查数据显示，三大海运联盟控制了全球约 80%的海运市场，在东西方航线与跨太平洋集装箱海运市场，三大海运联盟的市场占比更是高达 95%。

1）2M 联盟

2M 联盟（2M Alliance）由马士基航运（MAERSK）、地中海航运（MSC）组成。2020年 4 月，韩国森罗商船（SML）加入 2M 联盟。2023 年 1 月 25 日，马士基航运和地中海航运宣布将于 2025 年 1 月终止 2M 联盟。

马士基航运成立于 1904 年，总部在丹麦哥本哈根。截至 2022 年，马士基航运所拥有的集装箱航运运力约占全球集装箱航运市场的 16%。除了航运业务，马士基航运还致力于发展端到端业务，从事包括物流、码头运营及管理、航空运输、造船、工业制造等在内的多种业务。

地中海航运成立于 1970 年，总部在瑞士日内瓦。截至 2022 年，地中海航运的集装箱航运运力约占全球集装箱航运市场的 17%。地中海航运的国际集装箱运输航线通达全球六大洲、335 个港口，可提供航线、干货运输、冷藏货物运输、超限和散杂货运输、仓储解决方案、港口、码头和堆场、清关、运货拖车等服务。

韩国森罗商船成立于 2017 年，总部设在韩国首尔。就运力而言，2017 年，韩国森罗商船已成为韩国第二大航运公司，仅次于现代商船（HMM）。

2）THE 联盟

THE 联盟（THE Alliance）由赫伯罗特（HPL）、阳明海运（YML）、ONE 船公司组成。2020 年 4 月，现代商船正式加入 THE 联盟。

赫伯罗特于 1970 年成立，由汉堡的哈帕格和不来梅的北德意志商船整合而成，其业务遍布于欧洲南部、欧洲北部、北美洲、拉丁美洲和亚洲。

阳明海运成立于 1972 年，总部在中国台湾基隆市。截至 2022 年，阳明海运拥有的集装箱航运运力约占全球集装箱航运市场的 3%，其拥有的船队包括货柜船、散货船及代营台电运煤轮。

ONE 船公司由日本海运业社川崎汽船、商船三井、日本邮船共同出资设立，总部在新加坡，2018 年 4 月 1 日开始经营定期货柜船网络。

现代商船成立于 1976 年，总部在韩国首尔。成立之初，现代商船仅有 3 艘特大型油轮。如今，现代商船拥有的船队包括散货船、矿砂船、集装箱船、液化天然气船及特殊船等超百艘先进船舶。

3）OA 联盟

OA 联盟（OCEAN Alliance）由达飞轮船（CMA CGM）、中远海运（COSCO）、东方海外（OOCL）、长荣海运（EMC）等共同组成。

达飞轮船始建于 1978 年，总部在法国马赛。经营初期，达飞海运主要承接黑海地区业务，后来在 1996 年、1999 年成功收购法国国家航运公司（CGM）和澳大利亚国家航运公司（ANL）后，正式更名为"CMA CGM"。2005 年，其又成功并购达贸轮船、安达西非航运、森特马。截至 2022 年，达飞轮船拥有近 600 艘集装箱船，航线轨迹遍布全球 400 多个港口。

中远海运于 2016 年在中国上海正式成立，由中国远洋运输（集团）总公司与中国海运（集团）总公司重组而成，是国务院国有资产监督管理委员会直接管理涉及国计民生和国民经济命脉的特大型中央企业。截至 2022 年 6 月，中远海运经营船队综合运力 11347 万 TEU/1413 艘，排名世界第一。其中，集装箱船队规模为 303 万 TEU/510 艘，居世界前列。

东方海外成立于 1947 年，位于中国香港，是香港联交所上市公司东方海外（国际）有限公司的全资附属公司。目前，东方海外（国际）经营货柜运输及物流业务，航线轨迹遍布太平洋区、大西洋区、欧亚地区、澳洲地区与亚洲地区等地。

长荣海运创立于 1968 年，总部在中国台湾，经营业务包括船舶、建筑集装箱和船舶、港口的管理，以及工程和房地产开发。子公司和部门包括 UNIGLORY 海运股份有限公司（中国台湾）、长荣英国有限公司（英国）和船公司意大利海运 SpA 公司（意大利）。

3. 重点港口概述

港口是指位于海、江、河、湖、水库沿岸等地，具备水陆联运设备及条件，能够供船舶安全进出和停泊的运输枢纽。传统港口主要是作为货物装卸基地和中转站，通过中转实现货物的空间转移。但随着全球化趋势的加强，以及科学技术的进步，港口已经不再只是扮演传统的货物储备和搬运的角色，更多是利用现代化信息技术进行运输、仓储、配送等，实现仓储、包装、保税、航运交易及信息管理等涉及多个环节的功能集成化，用供应链综合系统的功能整合从发货人到收货人的整个物流服务过程，使物流的"门到门""端到端"得到优化，进而带动物流业的发展。全球重点区域的部分港口代表如表 2-1 所示。

表 2-1　全球重点区域的部分港口代表

航线	基本港	港口名称
美洲航线	美西基本港	洛杉矶港
		长滩港
		芝加哥港
		奥克兰港
		西雅图港
		圣弗朗西斯科港
	美东基本港	纽约港
		波士顿港
		巴尔的摩港
		费城港
		迈阿密港

续表

航线	基本港	港口名称
欧洲航线	德国基本港	不莱梅港
		汉堡港
	法国基本港	勒阿弗尔港
	奥地利基本港	维也纳港
	匈牙利基本港	布达佩斯港
	捷克斯洛伐克基本港	布拉格港
	比利时基本港	安特卫普港
	荷兰基本港	鹿特丹港
		阿姆斯特丹港
	英国基本港	费利克斯托港
		南安普顿港
		伦敦港
		曼彻斯特港
	爱尔兰基本港	都柏林港
	波兰基本港	华沙港
东南亚航线	新加坡基本港	新加坡港
	印度尼西亚基本港	泗水港
		雅加达港
		勿拉湾港
		三宝垄港
	缅甸基本港	仰光港
	菲律宾基本港	马尼拉港
	泰国基本港	曼谷港
		林查班港
	马来西亚基本港	巴生港
		槟城港
	越南港	胡志明港
		海防港
西地中海航线	意大利基本港	热那亚港
		拉斯佩齐亚港
		米兰港
		里窝那港
		那不勒斯港
		的里雅斯特港
		威尼斯港
		塔兰托港
		娜拉港

续表

航线	基本港	港口名称
西地中海航线	法国基本港	马赛港
	突尼斯基本港	突尼斯港
	摩洛哥基本港	卡萨布兰卡港
	西班牙基本港	巴塞罗那港
		巴伦西亚港
		毕尔巴鄂港
		巴德里港

下面介绍一下美国的重点港口。洛杉矶港主要的货物进出港口分成两大块：洛杉矶港（Port of Los Angeles，LA）和长滩港（Port of Long Beach，LB）。

洛杉矶港：位于美国加利福尼亚州南圣佩德罗湾的顶端，是美国第一大集装箱港，美国国际贸易往来的首要门户，也是西半球最忙碌的海港，占地和水域面积约为 30km²，海岸线长度约为 69km。

长滩港：美国第二大繁忙的集装箱港口，仅次于相邻的洛杉矶港。该港口是美国—亚洲贸易的主要门户，在加利福尼亚州长滩市，占地面积约为 13km²，海岸线长度约为 40km。

洛杉矶港总共有 13 个码头，其中 LA 包含了 7 个码头，LB 包含了 6 个码头。

其中，LA 的码头群分别包括如下码头。

（1）WBCT-YML 公共码头，主要是 YML 停靠区域、ZIM（以色列航运）停靠区域。

（2）WBCT-COSCO 公共码头，主要是 COSCO 停靠区。

（3）TRAPAC 码头，主要是 CMA CGM 停靠区域（CMA EXX 航线停靠在此码头）和美森加班船停靠区域。

（4）YTI 码头，主要属于 THE 联盟的码头。

（5）ETS 码头，属于长荣海运独有的码头，HTW 航线快线基本停靠在该码头。

（6）GGS 码头，属于 OA 联盟中 CMA CGM 的码头。

（7）APMT 码头，属于 2M 联盟的码头。

LB 的码头群分别包括如下码头。

（1）SSA-PIER A 码头，基本是美森加班船卸货的码头，MSC、WHL（万海航运）的船也停靠。

（2）SSA-PIER C 码头，美森专用码头，美森正班船靠泊码头。

（3）TTI 码头，属于 2M 联盟的码头，MSC、HMM 停靠码头。

（4）LBCT 码头，属于 OOCL 的码头。

（5）ITS 码头，属于 ONE 停靠码头，THE 联盟的码头。

（6）PCT 码头，属于 COSCO 为主投资的码头。

4．集装箱的相关概念

集装箱船指的是只被用来运输集装箱的货船，货舱是单元化的，在放置集装箱的地方设有很多框架和导轨。小型集装箱船能装载 500TEU，大型集装箱船则能装载 22000TEU。顾名思义，集装箱船主要使用集装箱来转运货物。集装箱的发明使用使承运人能够直接在发货人的仓库装货，将货物直接运送到收货人的仓库，即使需要在中间流转的环节更换船或车，也无须将货物取出换装。

1）集装箱的计量单位

集装箱计量单位 Twenty-feet Equivalent Units，其简称为 TEU。国际上将 20 英尺集装箱作为一个计量单位，将 40 英尺集装箱作为两个计量单位，以便于统一计算集装箱的货运量。

2）集装箱的种类

按照装载货物的种类划分，集装箱主要分为散货集装箱、杂货集装箱、冷藏集装箱等。跨境电商海洋运输中最常见的是杂货集装箱，又称干货集装箱，以装运杂货为主，常见的箱型有 20TEU 和 40TEU 两种，其中 20TEU 箱型为标准箱。

两种箱型的限重如下。

20 英尺普柜：限重 25TNE，限体积 33 CBM[①]。

40 英尺普柜：限重 29TNE，限体积 67 CBM。

40 英尺高柜：限重 29TNE，限体积 76 CBM。

5．海洋运输费用构成

海洋运输费用计价单位（运费计价单位）是指航运公司用以计算运费的基本单位，即运价。由于跨境电商货物种类繁多，打包装箱情况不同，因此在运费计算标准上也不一样。

（1）整箱拼货：以集装箱为运费计价单位。

（2）拼箱装货：一般是以重量或体积中能使用的运价较高者为标准进行运价计算的。

---

① TNE 和 CBM 为物流行业常用术语。TNE 即公吨，1TNE 合 1000kg；CBM 即立方米（Cubic Meter），属于体积单位，1CBM 合 1m³。

运价表上常注记 M/W 或 R/T，表示航运公司将按照货品的重量吨或体积吨，选择二者中运费较高者计算运价。

- 重量吨（Weight Ton）：按货物总毛重。
- 体积吨（Measurement Ton）：按货物总毛体积。

运费的具体计算方式如下。

（1）整箱装货：首先选择集装箱类型、规格和数量（不同规格集装箱不可混选），然后查询此航线对应所选集装箱的运费，最后计算总的运费。

（2）拼箱装货：按体积与重量两种方式计算，选取计算结果较大的为标准计算运费。

- 按体积计算：$X_1 =$ 单位基本运费（MTQ）×总毛体积。
- 按重量计算：$X_2 =$ 单位基本运费（TNE）×总毛重。

2.2.2 航空运输

1. 航空运输的基本概念

航空运输是指使用客机、全货机及其他航空器运送货物的一种运输方式。航空运输所承载的货物重量在全球贸易总体重量的占比不到 1%，但其所运载的货物价值占比却超过 35%。由于高速、准时、高可靠性和高安全性等特性，很多货主都会选择通过航空运输渠道运输价值高、鲜活易腐的货物。因此，航空运输在全球贸易和经济中起到至关重要的作用。航空运输的典型代表企业标志如图 2-3 所示。

图 2-3　航空运输的典型代表企业标志

2. 航空运输的主要方式

航空运输（空运）一般是用全货机空运货物或用客机腹舱运送货物。运输方式主要可以分为以下四种。

班机运输，是指使用在固定时间、固定航线、固定始发站和目的站飞行的飞机所进行的货物运输，适用于急需品和鲜活品。

包机运输，是指包租整架飞机来运送货物，适用于运送大宗货物。

集中托运，是指货运航空公司把若干单独发运的货物组成一整批货物，用一份总运单将货物整批发运到目的地，由航空公司在那里的代理人收货、报关、分拨后交给实际收货人。

航空急件传送，是由快递公司与航空公司合作，用最快的速度在货主、机场、收件人之间传送急件，适用于急需的药品、医疗器械、贵重物品、图纸资料、货样及单证等的传送，被称为"桌到桌运输"。

3．全球主要货运航空公司

国际航空运输协会（International Air Transport Association，IATA）数据显示，全球货运航空公司以货运吨公里衡量排名，2023 年暂居前列的货运航空公司有：联邦快递、卡塔尔航空、联合包裹、阿联酋航空、阿特拉斯航空。

联邦快递是全球货机保有量最大的物流服务商，从美国孟菲斯国际机场的主要枢纽一直延伸到中国广州白云国际机场，覆盖了北美、欧洲和亚太等地区，能够提供高效的全球配送服务。

卡塔尔航空是中东地区最大的货运航空公司之一，以优质的服务和广泛的航线网络而闻名。卡塔尔航空的货运服务覆盖全球，重点在亚太、欧洲和北美等主要市场，提供全天候的高效货物运输和专业的冷链解决方案，尤其在运输易腐物品、药品和奢侈品方面具有显著竞争力。

联合包裹具备强大的地面和空中运输网络，在欧洲和北美市场的表现尤为突出。

阿联酋航空以现代化的货机机队和高效的全球物流网络著称。依托于迪拜国际机场的战略位置，阿联酋航空能够快速地连接亚洲、欧洲、非洲及美洲市场。其货运部门提供多样化的服务，如危险品运输、临时空运和快递服务，同时还设有高科技的货物追踪系统，进一步提升了客户体验。

阿特拉斯航空采用全波音机队，是全球最大的 747 货机运营商，同时也是波音 747-8F 的唯一外包供应商。

4．航空运输的常用机型

1）全货机

全货机指以包机或定期航班的形式专门运输货物的飞机。很多干线飞机都有专门的货机型号，如 B747-400F、B757-200F、A300-600F、A330-200F 等都是全货机。全货机一般为集装设备型的货舱，飞机货舱底部一般均设置滚轴及固定系统，可以放置集装板和集装箱。最大的 B747-400F 货机可以放下 39 个集装箱；A300-600F 货机可以装载 50 吨货物，放 21 个集装板和 23 个集装箱。

2）客改货

客机改装货机（Passenger to Freighter Conversions），常被简称为"客改货"或 P2F。顾名思义，客改货指的是将民航客机的客舱改装后来载运货物。客改货分为临时性改装和全货机改装。其中，临时性改装只需拆除航空座椅及相关附带设备，通常花费时间较少，改装费用较低，是特殊时期众多航空公司增加运力的常用方式。临时性改装是可逆的，即在客运市场恢复后，重新装上座椅便可运载旅客。

5．国际航空运输费用构成

1）国际航空运输费用的计算

国际航空运输费用有两种计算方式：一种是按照航空公司的货运渠道计算，另一种是按照国际空运快递的方式计算。

（1）国际航空运输费用计算基本单位如下。

- Minimum 表示最低运费。
- Normal 表示 45kg 以下的货物对应 1kg 的运费。
- 45kg、100kg、300kg 对应的价格分别为 45～100kg 的货物适用 45kg 对应栏的运费，100～300kg 的货物适用 100kg 对应栏的运费。
- 300kg 以上的货物全部按 300kg 对应栏计算运费。

按毛重计算，如果货物轻于 45kg，则按 Normal 计算运费；如果按 Normal 计算出的运费低于 Minimum，则按 Minimum 收取运费。

航空公司收取的运输费用主要由运费和杂费两部分组成。

- 运费，按照重量等级来计算单价，一般有 5 个等级：+45kg、+100kg、+300kg、+500kg

和+1000kg。如果没有相应级别的运价就按照 TACT 价格（空运货物运价）来计算运费。另外，货物的计费重量在空运上分为体积重量和毛重两种。当体积重量大于毛重时，体积重量就是货物的计费重量；当体积重量小于毛重时，毛重就是货物的计费重量。

- 杂费，包括的方面比较多，一般来说包括仓储费、燃油附加费等。燃油附加费是特定情况下的产物，一般航空公司的报价已经将这部分费用包含在运费内。另外，杂费还包括报关的费用，根据航空公司和货物的实际情况，报关的费用也可能省去。

（2）国际空运快递价格的计算方式则比较简单：100 元/kg，不足 1kg 的按照 1kg 计算，适合一些小件货物的运输。

2）重货、轻货的航空运输计费重量

航空运输计费重量指的是最终用来计算航空运输产生的运费的货物重量。

重货在国内和国际方面有不同的定义标准。

在物流行业中，国内运输和国际运输在货物重量及体积的衡量标准上存在差异。针对国内运输，被定义为重货的标准是每 6000cm³ 的重量超过 1kg，或者 1m³（1CBM）的重量超过 166.67kg。在国际运输中，每 166 立方英寸①的重量超过 1kg，或者每 166 立方英寸的重量超过 1 磅的货物，被视为重货。这些标准对于合理安排货物运输、确定运输成本，以及规划物流策略都具有重要意义。

重货的计费重量就是它的实际重量（毛重）。货物的毛重单位为 kg，计费重量的最小单位是 0.5kg 或 1kg，具体由各航空公司决定。如果最小单位是 0.5kg，那么，计费重量不足 0.5kg 的，按照 0.5kg 计算；超过 0.5kg 但不足 1kg 的，按照 1kg 计算。如果最小单位是 1kg，不足 1kg 的按 1kg 计算。

如果货物的毛重单位是磅，那么毛重不足 1 磅的，按照 1 磅进行计算。

轻货，也被称为抛货、泡货。想要界定重货和轻货，我们可按照两个指标进行衡量：A，实际重量；B，体积重量。如果货物的 A＞B，那么该货物为重货，反之则为轻货。

在物流行业中，轻货的分类标准在国内运输和国际运输中有所不同。在国内运输中，被视为轻货的货物是指每 6000cm³ 的重量不足 1kg，或者 1m³（1CBM）的重量不足 166.67kg。在国际运输中，轻货的定义则是每 366 立方英寸的重量不足 1kg，或者每 166 立方英寸的重

---

① 1 立方英寸=16.3871cm³，1 磅=0.45359237kg。

量不足 1 磅。这一分类依据在于，货物的体积重量相对于其实际重量较大就意味着这类货物在运输过程中所占空间较多，而重量较轻。这样区分对于规划运输方式、计算运费及制定有效的物流策略至关重要。

轻货主要以货物的体积重量为计费重量，计算方法：不考虑货物的几何形状，分别量出货物的长、宽、高的部分，单位为厘米、米或英寸，体积重量 = 长×宽×高÷6000。

例如，外包装尺寸是长 89cm、宽 51cm、高 41cm，实际重量是 21 kg。

那么，货物的体积重量 = 89×51×41÷6000 ≈ 31.02kg；

不足 1kg 的按 1kg 计算，最终体积重量为 32kg；

体积重量 > 实际重量，则计费重量取体积重量 32kg，由此可知，该货物属于轻货。

例如，外包装尺寸是长 88cm、宽 45cm、高 45cm，实际重量是 33kg。

那么，货物的体积重量= 88×45×45÷6000 = 29.7kg；

不足 1kg 的按 1kg 计算，最终体积重量为 30kg；

体积重量 < 实际重量，则计费重量取实际重量 33kg，由此可知，该货物属于重货。

注：航空运输计费重量通俗地讲就是，在实际重量（毛重）和体积重量两者之间取最大值。

国内的空运货代商计费重量都是以"÷6000"或"×167"为准的。

国际商业快递的计费重量则是以"÷5000"为准的。

3）多件货物的航空运输计费重量

在集中托运的情况下，同一订单下可能出现多件货物，包括轻货和重货。此时，这批货物的计费重量是，在实际重量（毛重）和体积重量之间取最大值为最终的计费重量。

具体方法：先称出实际重量（毛重），再计算出体积重量，将两个数值进行对比，将最大值作为该批货物的计费重量。

其实，航空运输费用的计算和海洋运输费用的计算一样，二者都需要先比较货物的实际重量（重量吨，总毛重）和体积重量（体积吨，总毛体积），再取最大值进行计算。但是由于航空运输费用一般仅告知每千克的费用而未告知每立方米的费用，因此需要换算。

换算方法：计算出货物的总毛重和总体积。假设总毛重为 A，先按 1CBM=167kg 换算得 B，再将 A 与 B 进行比较，取最大值为计费重量。

2.2.3 道路运输

1. 道路运输的基本概念

道路运输是指通过陆路（地上或地下）运输货物的活动，包括公路运输、地铁运输、城市轻轨运输等。

道路运输会涉及一个很重要的条约——《国际公路运输公约》（TIR 公约）。在该公约的基础上，联合国建立了一个国际货物运输海关通关系统，即 TIR 系统，通过简化程序和提升通关效率，提高国际道路运输水平。截至 2023 年，TIR 公约在全球已有 77 个缔约国。

道路运输（主要是公路运输）在国民经济中具有十分重要的作用。

2. 中欧卡车航运基本介绍

中欧卡车航运，也被称为中欧卡航，由于该运输方式时效较快，可媲美航空运输，因此被称为卡车航运。它也是一种比较重要的公路运输模式。中欧卡航是一种以大型卡车为运输工具，将货物从中国装车运送到欧洲的运输方式，被称为继航空运输、海洋运输、铁路运输之后的中欧运货的第四物流通道。相比航空运输，中欧卡航的价格要相对低廉；相比海洋运输，中欧卡航时效较快且稳定性较强；相比铁路运输，中欧卡航时效也较快。

2018 年 8 月 22 日，全球首班中欧卡车航班"苏新号"从德国斯图加特首发，于 2018 年 9 月 1 日从中国霍尔果斯口岸进入中国境内，标志着中欧第四通道开通。2019 年 3 月，"沪新号"中欧卡航开通；2019 年 7 月，全球首单中欧卡航跨境电商出口货物放行，标志着中欧跨境电商公路运输模式开通。

中欧卡航的运输价格按照货物的重量段进行收费，货物的重量越大，单位价格越低；从中国发货派送到欧洲国家的整体时效为 15～25 天。

当货物的重量为 30～100kg 时，德国路向收费价格为 22 元/kg，英国路向收费价格为 25 元/kg，法国路向收费价格为 25 元/kg；当货物的重量在 100kg 以上时，德国路向收费价格为 19.5 元/kg，英国路向收费价格为 23 元/kg，法国路向收费价格为 23 元/kg。

2.2.4 铁路运输

1. 铁路运输的基本概念

铁路运输是跨境电商物流的主要运输渠道之一。

铁路运输是一种使用铁路列车运送货物的运输方式，特点是运送量大，速度快，成本较低，一般不受气候条件限制，适用于大宗、笨重货物的长途运输。

2. 中欧班列的基本介绍

中欧班列是中国铁路集团组织的，按照固定车次、路线、班期和全程时刻开行，往来于中国与欧洲等地的集装箱国际铁路联运班列。

中欧班列统共分为"三个通道""五个口岸"，铺划了西、中、东三条通道的中欧班列运行线路。

（1）西通道，主要服务于我国中西部地区与欧洲各国之间的货物进出口。其主要路线如下。

一是由我国新疆的阿拉山口口岸出境，经哈萨克斯坦与俄罗斯西伯利亚铁路相连，途经白俄罗斯、波兰、德国等国，通达欧洲其他国家。

二是由我国的霍尔果斯口岸出境，经哈萨克斯坦、土库曼斯坦、伊朗、土耳其等国，通达欧洲各国，或者经哈萨克斯坦，进入阿塞拜疆、格鲁吉亚等国，通达欧洲各国。

三是由我国的伊尔克什坦口岸出境，途经吉尔吉斯斯坦、乌兹别克斯坦、土耳其等国，通达欧洲各国。

（2）中通道，主要服务于我国华北、华中地区与欧洲各国之间的货物进出口，由我国的二连浩特口岸出境，途经蒙古国进入俄罗斯，与西伯利亚铁路相连，通达欧洲各国。

（3）东通道，主要服务于我国华东和华南地区、东北地区与欧洲各国之间的货物进出口，由满洲里（黑龙江绥芬河）口岸出境，接入俄罗斯西伯利亚铁路，通达欧洲各国。

目前，我国内陆中欧班列的主要货源地节点有重庆、成都、郑州、武汉、苏州、义乌、长沙、合肥、沈阳、东莞、西安、兰州。

陆路口岸节点有阿拉山口、霍尔果斯、二连浩特、满洲里。

沿海重要港口节点有大连、营口、天津、青岛、连云港、宁波、厦门、广州、深圳、钦州。

3．中欧班列主要线路

中欧班列成熟稳定运营的常态化班列如表 2-2 所示。这些班列也被称为"五定班列"〔定点（固定装车地点）、定线（固定运行线）、定车次、定时（固定到发时间）、定价（固定运输价格）〕，每周至少发一趟，发车后平均 15～17 天到达目的地。

表 2-2 中欧班列的常态化班列

发车地	目的地
成都	罗兹
	纽伦堡
	蒂尔堡
深圳	马拉
	杜伊斯堡
沈阳	马拉/汉堡/杜伊斯堡
重庆	马拉/杜伊斯堡
长沙	马拉/汉堡
	布达佩斯
	马拉/杜伊斯堡/布拉格
义乌	马拉/杜伊斯堡/布拉格
	马德里
西安	马拉/汉堡/杜伊斯堡
合肥	马拉/汉堡
武汉	马拉
	汉堡/杜伊斯堡
	马拉/汉堡/杜伊斯堡
厦门	波兹南/汉堡

注：数据采集时间为 2023 年。

2.3　跨境电商物流的发货类型

从发货类型的维度来划分，跨境电商物流可以分为直发类物流和海外仓。目前，跨境电商卖家使用的物流方式包括以下几种方式：邮政物流、专线物流、商业快递、海外仓（含头程运输）。

下面就几种主要的物流方式进行介绍。

2.3.1 邮政物流

1. 邮政物流的基本概念

邮政体系产品在整个跨境电商物流的生态系统中扮演着十分重要的角色,大量的跨境电商直发类包裹都依托于万国邮政联盟体系的网络来完成投递。对于单个包裹重量在 2kg 以内、单价低的商品,邮政物流有着明显的价格优势。

邮政体系的产品矩阵可以根据邮政机构所处的区域进行分类。在中国地区,主要邮政机构包括中国邮政、中国香港邮政及中华邮政(中国台湾)。此外,国际上也存在大量的邮政机构,例如,新加坡邮政、荷兰邮政、比利时邮政、瑞典邮政及澳洲邮政等。这些机构提供各自区域内外的邮政服务,满足不同客户的邮寄需求。

从中国目前的市场规模来看,中国邮政依然牢牢占据着邮政物流市场的主流份额,尤其是中国邮政基于两国邮政之间的双边协议而开拓的一系列 e 邮宝类产品渠道,在时效和性价比方面具备一定的优势。

2. 万国邮政联盟简介

万国邮政联盟,简称"万国邮联"或"邮联",是商定国际邮政事务的政府间国际组织,其前身是 1874 年 10 月 9 日成立的"邮政总联盟",1878 年改为现名。

万国邮政联盟自 1978 年 7 月 1 日起成为联合国一个关于国际邮政事务的专门机构,总部设在瑞士首都伯尔尼,宗旨是促进、组织和改善国际邮政业务,并向成员方提供可能的邮政技术援助。万国邮政联盟规定了邮政小包的尺寸标准和重量标准,这是其对跨境电商所做的最大贡献。其中,邮政小包限重 2kg;长+宽+高≤90cm,单边最长为 60cm。

截至 2023 年,万国邮政联盟有 192 个成员方。同时,万国邮政联盟还根据各国的实际发达程度,将各国邮政分为了五类,比如比利时邮政、德国邮政等发达国家邮政归属于第一类邮政,老挝邮政等不发达国家邮政归属于第五类邮政。不发达国家邮政在万国邮政联盟体系内的结算资费相对较低。

3. 中国邮政物流体系

在跨境电商行业发展初期,伴随着低货值的轻小商品的盛行,直发的邮政物流模式以价格低、通关查验率低等特点,占据了中国跨境电商直发物流的绝对主导地位。直至 2024

年，跨境直发物流市场仍以邮政体系主导的国际小包为主。从中国发往海外包裹渠道的分布数据来看，中国邮政以 57% 的比例占据了主导地位，紧随其后的是第三方跨境电商物流服务商云途物流、燕文物流、万邦物流，国际商业快递巨头 DHL、FedEx，以及国内快递巨头顺丰速运等。

中国邮政速递物流主要经营国内速递、国际速递、合同物流等业务，国内、国际速递服务涵盖不同时限水平和代收货款等增值服务，合同物流涵盖仓储、运输等供应链全过程，拥有享誉全球的"EMS"特快专递品牌和国内知名的"CNPL"物流品牌。

目前，中国邮政的国际业务出口服务主要分为优先类、标准类、经济类、货运类、海外仓配服务。

优先类：国际（地区）特快专递、中速快件、e 特快。

标准类：e 邮宝、挂号小包、国际包裹、e 包裹、中邮商业专线。

经济类：平常小包。

货运类：中速快运。

海外仓配服务：中邮海外仓、中邮 FBA。

2.3.2 专线物流

伴随着跨境电商卖家销售的商品的品类逐步往中大件、高货值的方向发展，普通的邮政小包类产品受制于单件重量最重为 2kg 的要求，且时效较长，已很难满足跨境电商卖家的发展需求。而类似于 DHL、FedEx 等国际商业快递虽然时效有保证，但是其计价方式仍然是按照首重续重模式计算的，整体运费成本偏高。跨境电商卖家亟需一款物流产品：时效和价格介于邮政物流和国际商业快递之间，整合了邮政物流和国际商业快递的派送资源优势，达到了成本和效率的最优组合，填补邮政物流体系产品和国际商业快递产品之间的中间地带。专线物流在此背景下应运而生。

1. 专线物流的基本概念

不同于邮政物流与国际商业快递遍布全球，专线物流所运输的包裹重量与体积较小，一般重量范围为 5～30kg。"专线"是指专做某一条线路的生意，如中国—美国。相比邮政物流和国际商业快递，专线物流拥有更高的性价比：时效比邮政物流快，价格比国际商业快递低。该模式问世后，迅速占领市场，深受卖家青睐。据艾瑞数据，专线物流自 2016 年出现后，仅用 3 年时间就拿下跨境直发物流 30% 的市场份额。

相比于海外仓模式，直发模式属于"轻量级"选手，卖家无须在海外备货，可来单再发货，从而减轻了资金压力，同时可对市场反应进行测试，检测商品是否具备"爆款基因"。但直发模式时效较长，在舱位不稳定的情况下，中国—美国/欧洲的时效为 8～15 天，甚至更久，运力的不稳定容易给买家带来不好的物流体验。

不同跨境电商物流产品适用于不同的商品重量范围。商品重量范围与物流产品的适配关系如图 2-4 所示，其可以作为商家选择合适的物流产品的大致依据。

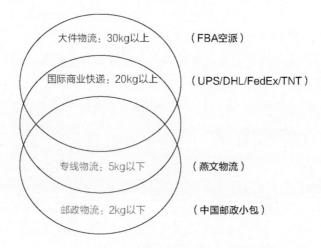

图 2-4　商品重量范围与物流产品的适配关系

专线物流将优质的航空干线资源与目的港的商业快递清关和邮政清关进行了很好的优化整合，而且在"最后一公里"的派送环节可根据当地邮政及本土商业快递公司的优劣势进行产品组合，满足了跨境电商时代客户对于跨组织、柔性供应链的需求，发展空间巨大。一批优秀的跨境电商专线物流渠道的开拓者先后出现，如云途物流、递四方、飞特物流等。

2. 跨境专线物流费用

跨境专线物流费用=（配送服务费+燃油附加费）×折扣+挂号服务费。以美国和加拿大为例，其跨境专线物流费用构成如图 2-5 所示。

国家/地区	参考时效	特殊时期参考时效	重量（kg）	最低计费重量（kg）	运费（RMB）（元/kg）	挂号费（RMB）（元/票）
美国	6～12个工作日	6～12个工作日	0<W≤0.1	0.05	84	18
			0.1<W≤0.2		79	18
			0.2<W≤0.45		79	16
			0.45<W≤0.7		79	16
			0.7<W≤2		70	9
			2<W≤30		66	9
加拿大	8～15个工作日	10～15个工作日	0<W≤0.3		117	23
			0.3<W≤0.5		112	24
			0.5<W≤1.5		107	32
			1.5<W≤2		97	35
			2<W≤30		95	35

图 2-5　跨境专线物流费用构成（截图）

1）计费重量

在包裹实际重量和体积重量二者中，取较大者进行计算。

$$体积重量=长×宽×高÷8000。$$

美国：50g 起重。

加拿大：体积重量低于实际重量 2 倍的，按照实际重量收费；达到或超过实际重量 2 倍的，按照体积重量收费。

2）重量、尺寸要求

美国：0g<W≤30g，最低计费重量为 50g。其他任何国家重量限制为 0g<W≤30g。

最小尺寸：10cm×15cm，最大尺寸：60cm×40cm×35cm。

包裹为异形件的，将额外收取 150 元/票的处理费，超尺寸附加费为 150 元/票。

2.3.3　海外仓

1. 海外仓的基本概念

海外仓，即建立在海外的仓储设施，指的是在境外国家设立可供跨境电商卖家实现本土化发货的仓储设施，为跨境电商卖家提前将货物备至海外，提供货物上架、库存管理、订单分拣、打包发货等履约服务，是一种以跨境电商卖家为服务对象、以仓储为核心，并提供中转、仓储、派送等服务的第三方国际物流模式。

2. 海外仓的发展历程

海外仓的雏形，是一些海外留学生团体搭建的仓储空间，这些仓储空间都非常小，可以被定义为海外仓的 1.0 版本。后来，"人+货架"模式的海外仓出现了，由像递四方那样的公司进行规模化运营，可被称作海外仓的 2.0 版本。目前，我国的海外仓还是 2.0 版本，正处于向上升级的过程中。

在前几年，海外线下零售市场萧条，"宅经济"环境下的消费者纷纷转向网购，跨境电商备货需求因此暴涨，FBA（Fulfillment by Amazon，亚马逊仓储物流服务）库容却严重不足，而 eBay、Shopify 等非亚马逊平台也迎来高速发展，加之特殊时期直发模式时效的不稳定，让海外仓迎来一波"爆仓潮"，整个海外仓储行业得到迅速扩张。除了已入局的玩家大手笔扩仓，各种大大小小的海外仓也如雨后春笋，迎接这波市场红利。同时，海外仓的快速发展在某种程度上也受益于 FBA 库容的溢出效应。

商务部的数据显示，2019 年中国海外仓数量刚刚超过 1000 个，到 2020 年已超 1800 个，增速达 80%，总面积达到 $1.2 \times 10^7 \text{m}^2$；2021 年海外仓数量超 2000 个，总面积突破 $1.2 \times 10^7 \text{m}^2$。

海外仓之所以能够迅速发展，是因为相比于直发模式，海外仓发货能实现更快的时效及更稳定的配送服务。本土发货的商品 1~3 天就能被能送达买家手中，且不存在头程时效不确定性大的风险，尤其在"宅经济"的环境下可大幅提升买家的物流体验感，同时在控制好备货量的前提下能大大降低物流成本。特别是对重货卖家来说，海外仓模式无疑是备货最优解决方案。但事物均有其两面性，海外仓也有不可避免的缺陷：提前备货会在一定时期内占用资金，如出现卖家对市场预估过于乐观、选品偏差、商品积压滞销等情况，在长期承担仓租费用的同时，可能影响资金周转。

海外仓不只是仓，更是一套门槛极高的供应链系统。智能化、精细化、一体化、信息化等是未来海外仓发展的主旋律。致力于提供"端到端"服务，更稳定、更安全、更合规的海外仓龙头服务商将成为行业稀缺资源。

3. 海外仓的类型

根据建立角色的不同，海外仓可分为如下几种。

- 平台海外仓：以 FBA 为代表。
- 第三方海外仓：主要由各类型的物流企业创建，对跨境电商卖家与物流企业的配合要求较高，代表企业如纵腾集团、递四方等。
- 卖家自建海外仓：代表企业如乐歌、傲基等，资金投入大，对运营能力要求高，一般不作公用。

其中，前两种海外仓是以快销、速卖为目标的中小跨境电商卖家的主要选择类型。

1）平台海外仓

FBA 是比较典型的平台海外仓，是由亚马逊官方为卖家提供的一种发货模式。

FBA 是目前中小跨境电商卖家选择最多的模式，由亚马逊提供仓储、订单分拣、配送、收款、退换货服务。FBA 仓库即亚马逊自营的仓库，FBA 是商品从卖家到买家的"最后一公里"的物流运营处理方案。

2）第三方海外仓

第三方海外仓主要是指由物流或货代公司等第三方物流企业建设，卖家可租赁使用的仓储设施。具体的运输流程是先在国内集货并运送到海外仓库，然后进行库房订单操作及库存管理，最后进行配送及售后服务。

3）卖家自建海外仓

卖家自建海外仓是指大卖家根据自身需求，在目的国建立海外仓库。只有少数非常有实力的大卖家才会这样做。卖家自建海外仓库虽然意味着成本可控，但需要承担人工成本、仓租高昂等风险。

4．海外仓的揽收模式和优点

1）海外仓业务的揽收模式

其揽收模式包括但不限于以下三种。

第一，海外仓服务商上门取货（需明确上门取货的区域及是否收费）。

第二，卖家将货物送至海外仓国内指定的头程仓库。

第三，海外仓服务商有卖家当地的头程渠道资源，帮助卖家实现当地拼柜/整柜发货。一般情况下，在卖家将货物送到某个港口后，海外仓服务商的相关负责人先对卖家的货物进行异地查验，然后通过国际商业快递将货物运输到海外仓库。

2）海外仓模式的优点

（1）可降低卖家的物流成本：从海外仓库发货，特别是从目的国仓库发货，物流成本远低于从国内发货。例如，一个 1kg 的货物从国内发往美国，使用 DHL 物流，卖家的快递成本为 100 多元，而同样的货物从美国仓库发往买家手里只需要 30 多元，成本大大降低。

（2）快捷的物流时效：卖家提前将货物备存在目的国仓库，当买家下单之后，就可以直接从目的国仓库发货。此模式将干线运输、清关报关的流程于买家下单前完成，买家只需参与尾程派送这一流程，大大缩短了配送时间，保证了物流的时效性，提高了买家的购买体验感。

（3）提高产品曝光量：以亚马逊平台为例，卖家加入 FBA 销售模式，意味着将货物备存到亚马逊官方仓库，买家在选购的时候会看到"Ship from Amazon"的提示，即由亚马逊发货，这样在提高买家信任度的同时也能获得比跨境发货商品更多的曝光支持。

（4）提高卖家满意度：在跨国长途运输中可能会出现货物破损、错发等情况，退货、换货等问题时有发生。对于这些情况，通过海外仓可有效提升物流时效性，缩短处理时长，更容易受到卖家的青睐。

本章习题

一、名词解释

1. 第一方物流

2. TEU

二、选择题

（单选）在国际物流运输渠道中，以下哪种运输方式因其经济性而成为企业采购大宗货物的首选物流方案？（　　）

A．陆地运输　　　B．海洋运输　　　C．航空运输　　　D．专线运输

三、填空题

1. 跨境电商物流从发货类型的维度来划分，可以分为_____和_____。

2. 跨境电商卖家使用的物流方式包括_____、_____、_____，以及海外仓（含头程运输）。

四、简答题

1. 简述铁路运输的特点。

2. 简述邮政物流的特点。

第 3 章

跨境电商物流
的发展历程

3.1　跨境电商物流行业发展历史

　　跨境电商是新型的国际贸易模式，而国际贸易正在被互联网重塑，买家成为供应链的主导者。随着互联网的崛起和全球贸易碎片化的发展进程，跨境电商在全球范围内得到了迅猛的发展，而物流作为跨境电商的重要履约工具，也得到了越来越多的关注。中国的跨境电商物流行业从萌芽到不断壮大，经历了 10 年左右的高速发展。在跨境电商刚刚兴起的时候，物流主要以国际商业快递为主。在进入 21 世纪以后，随着国际贸易的逐步开放和物流技术的不断进步，跨境电商物流行业迎来了快速的发展，四大国际商业快递巨头也纷纷进入了跨境电商物流市场，大大提高了物流效率和服务质量。如今，跨境电商物流已经进入了一个全新的发展阶段，技术和服务水平不断提升，物流成本逐步降低，物流时效得到了大幅提升。每次的跨境电商物流模式及产品渠道的迭代创新都伴随着跨境电商平台政策、各国关务及商流的变化。未来，跨境电商物流将更加智能化、精细化，从而为全球买家提供更加优质的服务。

　　从大的行业周期角度来划分，跨境电商物流行业可以分为以下三个发展阶段。

3.1.1　第一阶段（2005—2014）：以邮政物流为主导的直发模式

　　随着跨境电商平台的发展，中国邮政依托万国邮政联盟多边合作体系，顺应跨境电商市场的快速发展，注重产品创新、科技创新和能力建设的提升，满足跨境电商不同层次的需求。以邮政物流为主导的直发模式成了跨境电商物流的主流模式之一，这种模式的优势是成本低，适用于价格相对较低的小件商品。从 2005 年 eBay 电商平台在中国的兴起，以及 2010 年随着全球速卖通（AliExpress）的迅猛发展，从中国直接发货到海外买家手中的直发类物流的需求不断攀升，中国香港邮政小包和中国邮政小包是跨境直发类物流的主流渠道。后续还有大量的外国邮政机构通过国内代理模式陆续进入中国来揽收货物，如新加坡邮政、荷兰邮政、瑞典邮政、比利时邮政、柬埔寨邮政等数十家外国邮政机构先后进入中国市场。

　　随着跨境电商卖家对物流时效和国外买家对物流体验感要求的不断提高，原有的万国邮政联盟体系内的国际邮政平邮小包和国际挂号小包类产品的时效和商品的安全性已不能完全满足买家的需求。中国邮政从 2011 年开始陆续推出了基于两国邮政之间双边协议的国际 e 邮宝专线物流产品，大大提升了时效性及安全性，并获得了不错的市场口碑，甚至在一定时期内占据了中美直发类物流的 50%以上的市场份额。

在这个阶段，很多华东地区尤其是浙江义乌的卖家迅速成长起来。比如，2012 年，同达供应链每天可以收到 1~2 万个邮政包裹，覆盖了美国和俄罗斯等国家；2013—2014 年，同达供应链每天收到的包裹数量达到 3~5 万个，其中 60%的包裹是要被运往俄罗斯的。当时，同达供应链用新疆邮政的线路，占据新疆 70%的国际邮政包裹量。为了集货及出境方便，同达供应链和新疆霍尔果斯合作中心建立了边境仓，使得哈萨克斯坦的邮政车可以直接从同达供应链仓库把货物提走，节省了货物在国内段的集货时间和转运成本。早期（2014年之前），发货需要贴 3 张面单，即收发货人信息单、邮政纸质条码单和报关单（内容是手写的），如图 3-1 所示。2014 年 7 月，中国邮政推出一体化电子面单，对接邮政系统获取标准格式，如图 3-2 所示。

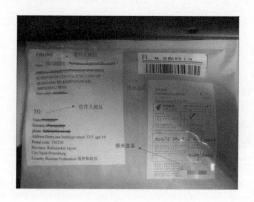

图 3-1　早期的中国邮政包裹

图 3-2　中国邮政一体化电子面单

3.1.2　第二阶段（2015—2021）：专线物流与海外仓的双驱动模式

随着跨境电商市场的不断扩大和物流需求的不断增加，专线物流与海外仓的双驱动模式逐渐成为跨境电商物流的新趋势。从 2015 年开始，随着 Wish、Joom、Lazada、Shoppe 等越来越多的以直发类物流和铺货模式为主的国外跨境电商平台进入中国市场招商，小包跨境直发物流模式的需求迅猛增长。在此阶段孕育和壮大了以云途物流、递四方、燕文物流等为典型代表的跨境专线物流头部企业。由四大商业快递和邮政资源整合而成的专线物流类产品，让跨境电商直发类物流渠道的产品形态日益完善和丰富，极大地提升了国外买家的体验感。

也正是从 2015 年开始，"亚马逊全球开店"项目在中国的招商力度不断加大，吸引了越来越多的中国跨境电商卖家开始在亚马逊平台开店。亚马逊的 FBA 开放式物流模式要求卖家先自行将货物运送至指定的国外 FBA 仓库，由此催生了一大批从事 FBA 专线物流运输的跨境电商物流企业。从国内卖家仓库揽收开始，至把货物发往国外 FBA 指定仓库，FBA 专线物流在时效、服务质量等方面具有很大优势，有利于提升跨境电商和国外买家对物流时效及服务质量的满意度。专线物流也提供了一站式物流服务，包括报关、报检、运输保险和清关、配送等，为跨境电商卖家提供了更便捷的物流解决方案。其中的典型代表有佳成国际、大森林、盈和国际、美设国际等。2015—2017 年以 FBA 专线物流为主营业务的跨境电商物流企业占据整个中国跨境电商物流企业数量的 50%以上。

专线物流企业的核心部门设置如图 3-3 所示。

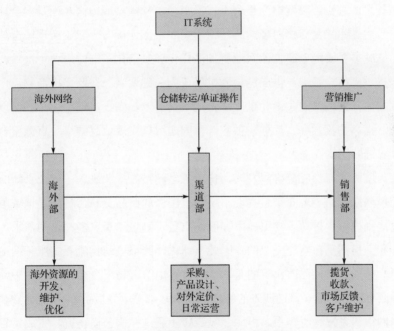

图 3-3　专线物流企业的核心部门设置

随着跨境电商全链路服务体系的不断完善，跨境电商卖家的销售品类逐步往高货值、大件品类的方向发展，电商平台及卖家对物流的需求不断提高。越来越多的跨境电商卖家对热销品类采用海外仓发货模式，大大提升了国外买家的购物体验，跨境电商的发展逐步呈现出本土化运营的趋势。

随着跨境电商的快速发展和全球贸易的不断扩大，专线物流和海外仓双驱动的模式将继续发挥重要的作用。通过技术创新和供应链协同，跨境电商物流行业将进一步提升物流效率和服务质量，以满足买家的多样化需求。同时，跨境电商物流企业还需要应对国际贸易政策的变化和地区性物流差异，不断提升自身的竞争力和适应能力。

3.1.3 第三阶段（2022年至今）：全球化跨境网络与供应链协同模式

跨境电商物流全球化是当前电商行业最为重要的趋势之一，而跨境网络和供应链协同则是实现跨境电商物流全球化的关键。这一阶段的发展进一步提升了跨境电商物流的全球化程度，提高了供应链协同效率。首先，全球化跨境网络的发展成为推动因素。随着互联网的普及和技术的进步，跨境电商平台不再局限于单一国家或地区，而是向全球化拓展。跨境电商平台通过建立全球化跨境网络，将卖家和买家连接在一起，实现了全球范围内的商品交易。这就需要跨境电商物流企业更加多样化和复杂化，同时需要更高效、灵活的供应链协同来提供支持。其次，供应链协同发展成为关键要素。在跨境电商物流中，供应链协同是实现物流高效运作的关键。供应链协同不仅可以提高物流透明度，还可以优化物流节点和流程，提高物流效率。此外，供应链协同还可以实现信息共享、资源整合和风险管理，提高供应链的整体竞争力。

全球化跨境网络与供应链协同发展，使跨境电商物流行业进入了一个全新的阶段。通过全球化跨境网络，跨境电商平台实现了全球范围内的商品交易，打破了地域限制。而供应链协同发展则进一步提高了物流效率和服务质量，满足了买家多样化的需求。由于跨境电商的服务和交付都是在境外完成的，因此全球化的跨境电商物流履约服务网络体系的搭建至关重要。比如，阿里巴巴旗下的菜鸟倡导世界电子贸易平台全球物流骨干网络，以及菜鸟投资递四方国际物流（以递四方的物流能力和基础渠道为抓手），积极建立和完善了全球海外仓储网络和直发物流体系。再如，纵腾集团通过并购云途物流，完成了谷仓海外仓与云途直发专线协同配合的跨境电商物流网络体系的搭建。这也是跨境电商物流行业内仅有的两家能够实现海外仓与直发业务并重且规模领先的企业。

随着全球贸易的不断发展和跨境电商的快速增长，以及买家对商品需求的逐渐多元化，全球化跨境网络和供应链协同发展将持续推进。通过技术创新和协同合作，跨境电商物流行业将进一步提升全球化的程度，从而提供更高效、便捷的服务。这对跨境电商企业提出了更高的要求，如何实现全球物流的协同和优化成了跨境电商物流企业发展的重中之重。对中国的跨境电商物流企业而言，在走向全球化的发展过程中，全球化的服务网络和本土化的渠道运营能力相结合是重点，供应链协同是走向全球化的必要条件。跨境电商物流从直发物流到专线物流，到海外仓，再到仓配一体化，最终形成跨境供应链的综合物流解决方案，是一个点—线—面—体的进化过程。全球化服务能力的延展、供应链体系稳定性的提升，以及一些新技术和服务的不断涌现，如物流大数据、智能化供应链管理等，都是跨境电商物流企业必须面对的课题。2022 年国际物流市场分布如图 3-4 所示，品牌出海物流市场规模图如图 3-5 所示。

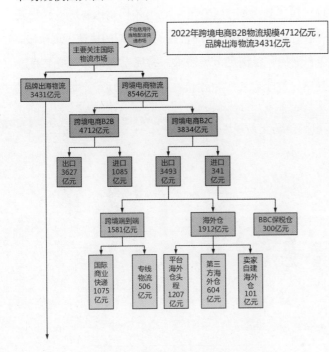

图 3-4 2022 年国际物流市场分布

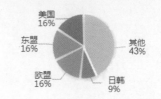

图 3-5 品牌出海物流市场规模图

3.2 跨境电商物流行业现状

跨境电商物流行业是在全球化和数字化的背景下迅速崛起的一个行业。跨境电商物流作为跨境电商行业的重要组成部分，近年来得到了迅猛的发展，但在全球化的大背景下，跨境电商物流行业面临着巨大的机遇和挑战。下面具体看看其现状。

1. 跨境电商物流行业的市场规模在不断地扩大

中国跨境电商市场交易规模统计情况如图 3-6 所示。2010—2022 年，中国跨境电商市场交易规模呈现逐年增长的态势，2022 年中国跨境电商市场交易规模达 15.7 万亿元，较 2021 年的 14.2 万亿元增长 10.56%；2020 年，中国跨境电商市场交易规模达 12.5 万亿元，较 2019 年的 10.5 万亿元增长 19.05%。2019 年，中国跨境电商市场交易规模占中国进出口总值的 32.7%，行业渗透率的提升显示跨境电商助推外贸发展的作用愈加凸显。根据 Statista 的数据，2020 年，全球跨境电商物流市场规模达到 2.5 万亿美元。2021 年，全球跨境电商物流市场规模达到 3.1 万亿美元。在未来几年内，跨境电商市场将进入一个新的快速发展阶段，跨境电商物流行业将得到更多的机会和支持，以满足市场需求，跨境电商物流市场交易规模将继续保持增长的趋势。

图 3-6　中国跨境电商市场交易规模统计情况

2. 跨境电商物流环节日益重要

跨境电商物流环节的高效运作成为跨境电商卖家赢得市场竞争的重要因素。跨境电商物流环节包括仓储、运输、清关等，对于能否及时将商品送达买家手中至关重要。因此，跨境电商卖家需要与物流企业合作，不断拓展跨境物流网络，并强化合作伙伴关系，建立高效的物流通道，持续优化物流流程，提高物流效率。

3．跨境电商物流行业在技术创新的推动下不断发展

人工智能、大数据、物联网等新兴技术的应用，使物流流程更加智能化、高效化。例如，物流轨迹的实时监控、数据分析的精准预测、无人机和机器人的运用等，实现了信息的实时传递和协同操作，提高了跨境电商物流的灵活性和反应速度，为跨境电商物流带来了新的发展机遇。

4．跨境电商物流行业通过提升供应链的透明度，实现了商品流转的可追溯性

对买家而言，供应链透明度的提升可以使其通过物流追踪系统实时了解商品的运输状态，实现了信息的共享和流通。对卖家而言，供应链透明度的提升在降低物流成本和提高物流效率的同时也提高了买家的信任感和满意度。此外，供应链透明度的提升还有助于卖家应对商品质量问题和假冒伪劣商品问题。

5．跨境电商物流行业面临着一些挑战和机遇

挑战包括物流成本的高昂、海关政策和贸易壁垒的不确定性，不同国家和地区的法律法规存在差异等。然而，随着全球贸易的发展和买家对全球商品需求的增加，跨境电商物流行业也面临着巨大的发展机遇。

6．跨境电商物流市场竞争加剧

跨境电商物流市场有着巨大的潜力和广阔的前景，吸引了越来越多的资本及大型企业进入市场，市场竞争也随之加剧。因此，跨境电商物流企业只有不断提升自身的服务质量和技术，以及产品创新能力，才能在市场竞争中获得优势。

总之，跨境电商物流行业在全球范围内呈现出快速发展的趋势。高效运作的物流环节、技术创新的不断推进、供应链透明度的提升，以及应对挑战和抓住机遇等，将是跨境电商物流行业发展的关键。未来，跨境电商物流仍将朝着更加智能化、高效化和可持续发展的方向发展。

3.3 跨境电商物流行业全球洞察

3.3.1 北美市场情况分析

随着全球化和数字化的发展，跨境电商在全球范围内迅速兴起。其中，北美市场作为全球最大的消费市场之一，对于跨境电商物流具有重要意义。美国电子商务产业的收入统计图如图 3-7 所示。北美地区和全球电商渗透率增速统计图如图 3-8 所示。

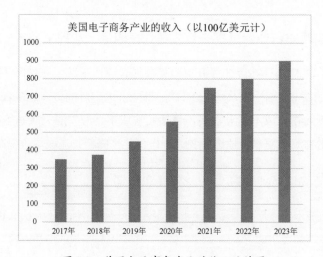

图 3-7 美国电子商务产业的收入统计图

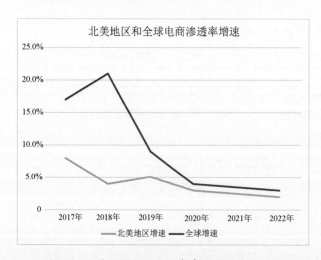

图 3-8 北美地区和全球电商渗透率增速统计图

下面从市场特点和发展趋势等方面对北美市场的跨境电商物流进行分析。

1．北美市场的物流环节是跨境电商成功的关键之一

由于跨境电商的特殊性，物流环节的高效运作对于商品能否及时被送达消费者手中至关重要。在北美市场，物流系统发达，仓储设施完备，物流服务水平高。同时，北美市场的物流网络覆盖面广，不仅包括铁路运输，还包括航空运输和海洋运输等，能够满足不同商品的运输需求。

2．北美市场的跨境电商物流具有一些独特的市场特点

（1）北美市场的消费者对于物流速度和准确性有较高的要求，他们希望能够尽快收到自己购买的商品。因此，跨境电商企业需要建立高效的物流网络，缩短商品的运输时间。

（2）北美市场的物流成本相对较高，包括运输成本、海关清关成本等。因此跨境电商企业需要通过优化物流流程和合理选择物流合作伙伴来降低物流成本、提高竞争力。

（3）北美市场的跨境电商物流发展趋势值得关注。随着人工智能、大数据和物联网等技术的不断发展，智能化物流已经成为跨境电商物流的重要趋势。智能化物流能够提高物流效率和准确性，通过实时监控和预测，优化运输和仓储，降低物流成本。

此外，环境保护和可持续发展也成为北美市场跨境电商物流的重要考虑因素。越来越多的消费者对企业的环保责任和社会责任有更高的要求，跨境电商企业需要注重绿色物流的发展，减少碳排放和资源浪费。

3．北美市场的跨境电商物流还面临着一些挑战

首先，国际贸易政策和海关制度的不确定性给跨境电商物流带来了一定的风险。政策的变化和海关的监管要求需要跨境电商企业及时调整和应对。

其次，物流服务的品质和可靠性是北美市场竞争的关键之一。跨境电商企业需要选择合适的物流合作伙伴，并建立良好的物流服务体系，从而提供高质量的物流服务。

4．知名的电商平台

（1）在墨西哥，最火的电商平台是美客多，其市场覆盖广泛，交易环境安全可靠，支付方式多样。除了美客多，墨西哥市场还有其他一些热门的电商平台，如亚马逊、Linio 和

沃尔玛。墨西哥市场发展迅猛，已成为中国跨境电商企业不愿错过的蓝海。但与成熟的欧美市场相比，墨西哥市场存在诸多问题。首先，物流就是中国跨境电商企业非常头疼的问题。相对于成熟的欧美市场，墨西哥口岸较少，空运、海运运力不足，物流基础设施不完善，当地对物流的管理力度也比较弱，自动化水平较低，操作流程存在很多不规范的情况，导致末端配送的出错率相对较高。此外，墨西哥当地治安比较混乱，时常发生抢劫、偷盗，丢货率也比较高。同时，在关务方面也存在很多难点。很多物流企业因为商品不合规导致整批货物清关滞留，时效严重延误。

（2）加拿大的跨境电商市场规模庞大，其中最火的电商平台是亚马逊，还有一些热门的电商平台，如沃尔玛、Best Buy 等。加拿大越来越多的消费者选择在跨境电商平台购买商品，消费者对于国际品牌和高品质商品有着强烈的需求。同时，加拿大的本土品牌也因其独特性和多样性受到消费者的青睐。但是加拿大地广人稀，物流网络和设施不够完善，导致物流费用较高、运输时间较长。而且加拿大海关制度和进口关税等政策对于跨境电商物流企业来说也是一项挑战。

总之，北美市场作为全球最大的消费市场之一，在跨境电商物流方面占据重要的地位。物流环节的高效运作、市场特点的独特性及发展趋势的智能化和绿色化，都是北美市场跨境电商物流需要关注的重点。跨境电商企业需要与物流合作伙伴密切合作，不断优化物流流程，提高物流服务水平，以满足消费者对物流速度和品质的要求，实现跨境电商物流的可持续发展。

3.3.2 东南亚市场情况分析

东南亚地区是一个人口众多的地区，作为一个充满活力和潜力的跨境电商市场，吸引了许多跨境电商企业的关注。

下面对东南亚跨境电商物流行业进行分析。

1. 市场潜力

随着互联网普及率的提高和年轻消费者群体的增加，以及跨境电商平台的发展，越来越多的消费者开始在跨境电商平台上购买商品。东南亚地区拥有庞大的人口规模和快速增长的中产阶级消费群体，这为跨境电商物流行业提供了巨大的市场。

2．地理位置优势

东南亚地区位于亚洲的中心位置，中老铁路的开通不仅方便了沿线居民的出行，为沿线城市带来了巨大的客流，而且搭建了快速便捷的物流通道。交通便利带来的红利日益扩大，中老铁路沿线经济带快速形成。中老铁路向西连接西部陆海新通道，向北与中欧班列多个物流集散中心相连，向南打通中国和南亚、东南亚各的经济通道，并且延长线空间广阔，将正在快速增长的东亚和东南亚经济体与欧洲经济体联系起来。这条铁路架起了多国间互联互通的桥梁，是民心相通的纽带。

同时，从中国（广州）—中国（凭祥）—越南—泰国（曼谷）的陆运专线是一种快速、可靠和安全的物流运输方式，只需要 4～5 天就可以从中国广州到泰国曼谷，从而确保货物能够快速、安全地被运送到目的地，使客户享受到高效的物流服务。

3．物流基础设施

东南亚各国政府和企业正在积极地投资和改善物流基础设施，以满足跨境电商物流的需求。中国的物流企业也加大了在东南亚的布局，为跨境电商物流的"最后一公里"赋能。为了满足日益增长的跨境电商物流需求，东南亚地区的海外仓数量和规模也在不断增长。一些大型的平台如亚马逊、Shopee 和 Lazada 等已在该地区的很多地方建立了自己的官方海外仓。同时，在新加坡、马来西亚、泰国、印度尼西亚、菲律宾、越南等地区涌现出了很多的第三方海外仓，以满足跨境电商物流的需求，提高了物流效率。

4．跨境物流合作

RCEP 是"区域全面经济伙伴关系协定"的英文缩写，全拼为 Regional Comprehensive Economic Partnership，即由东盟十国（印度尼西亚、马来西亚、菲律宾、泰国、新加坡、文莱、柬埔寨、老挝、缅甸、越南）发起，邀请中国、日本、韩国、澳大利亚、新西兰共同参加，通过削减关税及打破非关税壁垒，建立 15 国统一市场的自由贸易协定。RCEP 的目标是在参与国之间建立更加紧密的经济合作关系，促进贸易自由化和投资便利化，推动区域经济一体化。

RCEP 正式签署于 2020 年 11 月 15 日，标志着世界上最大规模的自由贸易区的形成。通过 RCEP，参与方将消除或减少关税和打破非关税壁垒，促进贸易和投资自由化，推动成员方之间的经济合作和互利共赢。东南亚国家之间的跨境贸易合作日益密切。例如，东盟建立了东盟一体化经济共同体，促进了贸易和物流的自由化。为区域内的企业和消费者带来了更多的机遇和福利。此外，一些国际物流企业也在积极拓展在东南亚地区的物流网络，以满足跨境电商的需求。图 3-9 所示为 RCEP 原产地证正本。

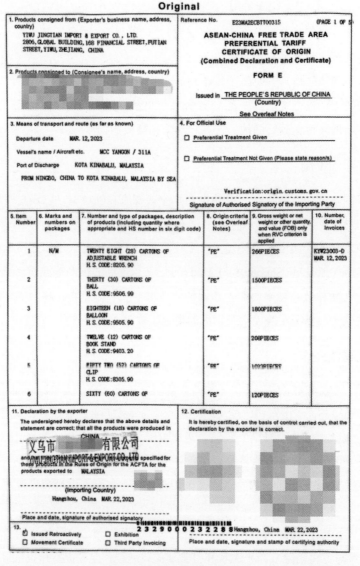

图 3-9　RCEP 原产地证正本

5．本地化运营

成功进入东南亚市场的跨境电商企业通常采取本地化运营的策略。具体包括建立本地团队、了解当地消费者的需求和购物习惯，与本地物流企业合作等。通过本地化运营，跨境电商企业可以更好地适应当地市场，并提供更快速、可靠的物流服务。

6．知名的电商平台

东南亚地区有许多知名的电商平台，如 Lazada。作为东南亚地区最大的电商平台之一，Lazada 覆盖了马来西亚、印度尼西亚、泰国、越南、菲律宾和新加坡等国家。Shopee 是一家总部位于新加坡的电商平台，也是东南亚地区最受欢迎的平台之一，覆盖了多个东南亚国家。Tokopedia 是印度尼西亚最大的电商平台之一，主要面向印度尼西亚市场。Tiki 是越南领先的电商平台之一，近几年发展速度非常迅猛。

总体而言，东南亚市场对于跨境电商物流行业来说是一个充满机遇和挑战的市场。

图 3-10 所示为北美、中国和东南亚地区的电商渗透率对比统计。随着东南亚地区经济的快速发展和市场潜力的不断释放，电商的普及，以及物流设施的改善，跨境电商物流行业将继续在该地区展示强劲的增长势头。然而，跨境电商企业需要应对各种竞争和挑战，包括了解当地市场的特点、不同国家和地区的法律法规差异，以及各国复杂的海关程序等，通过寻找合适的物流解决方案来提高物流效率和降低成本，并采取适当的策略来应对，以确保物流运营的顺利进行和更好地满足消费者的需求。

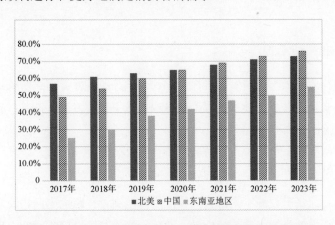

图 3-10　北美、中国和东南亚地区的电商渗透率对比统计

3.3.3 非洲市场情况分析

非洲是一个很有潜力的市场，在非洲，电商是非常热门的创业项目。跨境电商物流行业在该地区具有巨大的发展潜力。

2023 年部分非洲国家（地区）与发达国家物流表现力如表 3-1 所示。

表 3-1　2023 年部分非洲国家（地区）与发达国家物流表现力

单位：分

序号	国家（地区）	物流能力和质量得分	LPI 分数
1	新加坡	4.4	4.3
2	比利时	4	4.1
3	法国	3.8	4
4	美国	3.7	3.9
5	南非	3.8	3.8
6	埃及	3.3	3.4
7	纳米比亚	2.8	2.9

以下是对非洲市场情况的分析。

1．市场潜力

非洲人口众多。随着中产阶级的崛起和数字化技术的普及，非洲国家的消费需求不断增长，对跨境电商物流的需求也在增加。据估计，到 2030 年，非洲的消费支出将达到 5.6 万亿美元。

2．电商行业高速增长

非洲的电商行业正处于快速发展阶段，预计未来几年将保持高速增长的态势。许多非洲国家正在推动数字化转型，促进互联网普及和在线支付的发展。此外，移动支付的普及也有助于推动非洲电商的发展。

3．物流挑战

非洲地区的物流基础设施不太健全，物流成本较高。在跨境电商物流方面，边境管理和清关程序存在一定的复杂性和不确定性。此外，派送范围高度集中在个别城市，许多边远地区无法被覆盖，"最后一公里"派送也是一个挑战，尤其是在农村地区，很多居民的住所都没有可辨认的地址，导致派送容易出错。物流时间长、成本高成为制约非洲电商发展的主要难题。

4．解决方案和创新

为了克服物流难题，企业和政府正在采取措施改善物流环境。例如，一些企业借助物流科技和数据分析来提高物流效率和可见性。同时，一些创新型企业正在探索使用无人机、智能快递柜和物流网络优化等技术来解决"最后一公里"配送问题。

5．区域一体化

非洲大陆自由贸易区的设置将进一步促进非洲国家之间的贸易和物流合作。这有助于打破边境贸易壁垒，简化跨境物流程序，提高物流效率。此外，政府对电商和物流行业的支持也有利于行业的发展。

6．知名的电商平台

Jumia 诞生于尼日利亚，是非洲最大的电商平台之一，自成立以来已经在 23 个非洲国家建立了超过 50 万个卖家的销售网络；Kilimall 是一个肯尼亚电商平台，自成立以来成功打造了一个跨越大陆的标志；Konga 是尼日利亚的一个知名电商平台，被称为非洲的"亚马逊"，提供了多种支付方式和快速可靠的物流服务；Bidorbuy 是非洲最早的电商平台之一，是南非最大的在线拍卖和购物平台之一；Takealot 是南非领先的电商平台之一，也是非洲最大的在线零售商之一。

综上所述，非洲市场在跨境电商物流行业中有着巨大的潜力。虽然存在挑战，但随着技术进步和政策改革的不断推动，非洲的电商和物流行业将继续快速发展，为企业带来更多商机。

3.3.4　俄罗斯与中亚市场情况分析

俄罗斯和中亚地区在跨境电商物流领域呈现出了巨大的潜力，下面来对这两个市场进行分析。

1. 俄罗斯市场

图 3-11 所示为俄罗斯网购者占互联网用户比例。

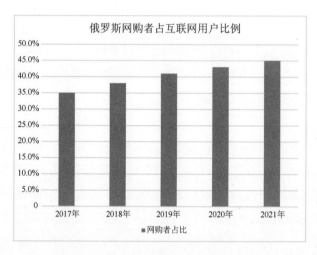

图 3-11　俄罗斯网购者占互联网用户比例

1）市场规模

俄罗斯是欧洲最大的互联网市场之一。而且，俄罗斯的互联网普及率还在不断增加，消费者对高品质商品的需求也在增加。

2）电商发展

俄罗斯的电商市场迅速崛起，呈现出强劲的市场活力。尤其是在大城市，网购成为越来越多的俄罗斯消费者的首选，这为跨境电商物流行业的发展提供了机会。

3）物流挑战

俄罗斯是世界上国土面积最大的国家，拥有广阔的地域和复杂的地理条件。这导致了其物流网络的建设和维护难度较大，交通不便，运输时间较长。同时，交通基础设施在某些地区不够完善，从而影响到物流的效率和时效。虽然俄罗斯有陆运、海运、铁运和空运，但是复杂的俄罗斯海关程序是跨境电商物流企业需要解决的一大难题。此外，俄罗斯寒冷的冬季也会对物流产生一定的影响：低温和恶劣的天气条件可能导致道路封闭，使交通延迟和货物损坏的风险增加，因此，制订物流计划需要考虑季节性因素。

4）俄罗斯最火的电商平台

（1）Wildberries 是俄罗斯非常受欢迎的电商平台之一。该平台成立于 2004 年，总部位

于莫斯科。Wildberries 销售的商品非常丰富，包括服装、鞋子、家居用品等，其商品种类
超过 4000 个。此外，Wildberries 还为消费者提供了极为方便的购物体验。消费者可以通过
其网站或 App 进行购物，而且到货极快，通常只需要 1～2 天。

（2）Ozon 是俄罗斯的一个知名电商平台，成立于 1998 年，总部位于莫斯科。Ozon 销
售的商品种类也非常多，包括图书、家电、化妆品、食品等，超过 3000 个。此外，Ozon
提供了灵活的支付方式，如信用卡、支付宝、网银等多种支付方式。Ozon 还开展了自己的
物流业务，可通过自有的物流网络完成商品的配送。

（3）Yandex.Market 成立于 2000 年，总部位于莫斯科。Yandex.Market 通过与俄罗斯最
大的搜索引擎 Yandex 合作，提供优质的商品搜索和比价服务。消费者可以通过该平台搜索
到适合自己的商品，并比较不同商家的价格和服务，从而得到最优的购物体验。

（4）AliExpress Russia 是中国电商巨头阿里巴巴旗下的电商平台，其在俄罗斯市场的表
现非常出色。AliExpress Russia 提供了大量的商品种类，包括服装、鞋子、化妆品、电子产
品等。此外，AliExpress Russia 还提供了多种支付方式和快速的配送服务，让消费者获得更
加便捷的购物体验。

（5）Lamoda 是俄罗斯的一家知名时尚电商平台，成立于 2011 年，总部在莫斯科。Lamoda
销售的商品以时尚服装和鞋子为主。该平台提供了方便快捷的购物环境——消费者可以通
过网站或 App 进行购物，并享受到快速的配送服务。

2. 中亚市场

1）消费潜力

中亚地区的国家，如哈萨克斯坦、乌兹别克斯坦、吉尔吉斯斯坦等，拥有庞大的消费
群体。随着经济的发展和消费者收入的增加，这些国家的电商市场在迅速扩大。

2）市场机会

中亚国家对外国商品的需求很大，尤其对中高品质的日用品、时尚服装、纺织品类和
电子产品等。这为跨境电商的发展提供了广阔的市场。

3）物流挑战

中亚地区的物流基础设施较弱，物流网络不够发达。这可能会给跨境电商物流带来一
些运输和配送的困难。但随着电商市场的发展，该地区的供应链也在逐步改善。

4）电商平台

中亚市场非常火的电商平台有 Joom、AliExpress 等。

总体而言，俄罗斯和中亚市场都是具有巨大潜力的跨境电商物流市场。随着消费需求的增长和电商市场的发展，这两个市场为跨境电商企业提供了广阔的机会。然而，在进入这些市场时，跨境电商企业要了解当地市场的特点，同时也要应对好物流运输和海关等挑战，以确保顺利发展和满足消费者的需求。

本章习题

一、选择题

1. 单选题

（1）跨境电商物流行业目前处于哪个阶段？（　　　）

A. 全球化跨境网络与供应链协同的快速发展和成熟阶段

B. 专线物流模式

C. 邮政物流模式

（2）跨境电商物流的发展是否会受到国际贸易政策和法规的影响？（　　　）

A. 完全会受到影响

B. 完全不影响

C. 有一部分会受到影响

2. 多选题

（1）跨境电商物流发展的阶段问题如何与全球经济和贸易格局相互关联？它对国际贸易和全球价值链有何影响？（　　　）

A. 促进国际贸易增长

B. 打破了传统贸易模式和地理限制

C. 关联全球经济和贸易格局

D. 推动全球经济一体化和贸易自由化

（2）欧洲铁派专线的运输优势是什么？（　　　）

A. 运输时效稳定　　　　　　　　　　　　　B. 运输成本低

C．运载量大　　　　　　　　　　D．运输安全性高

二、填空题

1．RCEP 的全拼为＿＿＿＿＿＿＿＿＿＿＿＿＿＿＿＿＿＿＿＿。

2．FBA 的全拼为＿＿＿＿＿＿＿＿＿＿＿＿＿＿＿＿＿＿＿＿。

三、问答题

1．跨境电商物流的发展历程是怎样的？从最初的阶段到目前的阶段，有哪些重要里程碑？

2．跨境电商物流的发展过程中主要存在哪些挑战和障碍？它们是如何影响行业的发展和进步的？

3．跨境电商物流发展的不同阶段存在哪些商业模式和运营策略？

第 4 章

跨境电商物流的运作流程

国内商品出入库流程（范例）如图 4-1 所示。

图 4-1　国内商品出入库流程（范例）

4.1　国内仓——国内段的首公里环节

4.1.1　揽收

跨境电商物流企业国内仓揽收环节是从供应商处收集商品并将其送到仓库的操作。以下是对该环节的详细介绍。

1. 预约揽收

跨境电商物流企业会向跨境电商卖家提供预约揽收服务，跨境电商卖家可以通过跨境电商物流企业的在线平台或客服热线进行预约。跨境电商物流企业会根据预约的要求安排揽收时间、方式等，并将相关信息通知跨境电商卖家。

2. 上门揽收

在预约揽收的时间，跨境电商物流企业的揽收人员会前往跨境电商卖家的指定地点进行上门揽收。揽收人员会核对订单信息，确认商品的数量、品种和规格等信息，并将商品装箱。

3．商品标记

在揽收过程中，揽收人员会对每个商品进行标记，并记录相关信息。商品标记可以包括订单号、SKU 号、重量、尺寸和目的地等信息，以便于后续的物流操作和管理。

4．商品运输

跨境电商物流企业会将装好箱的商品运输到仓库。物流企业通常会使用封闭式货车或其他专门的运输工具，以确保商品在运输过程中不被损坏或避免出现丢件等情况。

揽收环节的高效运作可以确保商品被准确无误地从供应商处收集，并在运输过程中得到保护。同时，跨境电商物流企业还需要与其他合作伙伴进行良好的协作，以实现整个物流流程的顺畅运作。在揽收环节，跨境电商物流企业主要以在跨境电商产业发展比较集中的核心城市自建揽收网点为主。

4.1.2　仓内操作

跨境电商物流企业国内仓操作流程主要包括入仓、测量、理货和打单等环节。以下是对这些环节的介绍。

1．入仓

跨境电商物流企业在揽收商品后需要对商品进行入仓操作。这包括将商品从车辆或其他运输工具上卸下来，并将其放置在仓库的指定位置。同时，仓库工作人员会对商品进行验收（检查商品的数量、质量和完整性），并将相关信息记录在管理系统中。

2．测量

在入仓后，跨境电商物流企业会对商品进行测量操作，具体包括测量商品的重量、尺寸和体积等。跨境电商物流企业通常会使用专业的测量设备，以确保测量结果的准确性。

3．理货

理货是将商品按照一定规则进行分类和摆放的过程。跨境电商物流企业会根据商品的属性、目的地和其他因素，对商品进行分类，并将其放置在相应的存储区域内。这有助于后续的取货和发货操作。

4．打单

在准备发货之前，跨境电商物流企业需要进行打单操作。这包括根据订单信息生成相应的运单、发货单和其他相关文档。跨境电商物流企业会将订单信息与管理系统进行匹配，并生成相应的打印文件，以方便后续的发货操作。

上述环节的高效运作可以确保对商品进行准确无误的分类和存储，并为后续的发货操作提供必要的信息和文档支持，以实现整个物流流程的顺畅运作。

4.1.3 出库

跨境电商物流企业国内仓出库环节是整个物流过程中的重要环节，它涉及将出库的商品按照一定的规则和要求进行出库操作，以方便后续的运输工作。以下是对该环节的详细介绍。

1．做好出库准备

在进行出库操作之前，跨境电商物流企业需要进行准备工作。这包括对商品进行整理和清点等，确保商品符合出库要求，并进行必要的包装和标记。

2．制订装柜计划

在做好出库准备工作后，跨境电商物流企业会制订装柜计划。装柜计划包括确定装柜数量、选择合适的货柜类型和尺寸，以及安排商品的摆放顺序等。跨境电商物流企业需要考虑商品的特性、尺寸、重量和目的地等因素，从而最大限度地利用货柜空间。

3．进行装柜操作

根据装柜计划，相关人员会进行具体的装柜操作。他们会按照一定的顺序将商品装入货柜，确保商品的稳定性和安全性。在装柜过程中，相关人员可能需要使用吊车、叉车或其他辅助设备，以提高工作效率。装柜照片如图4-2～图4-4所示。

图 4-2　装柜照片①

图 4-3　装柜照片②

图 4-4　装柜照片③

4. 采取安全措施

在装柜过程中，跨境电商物流企业需要确保货物的安全。相关人员会采取必要的措施，如固定商品，以及使用适当的填充物和保护材料防止商品碰撞或摩擦，从而确保商品在运输过程中不被损坏。

5. 做好装柜记录

在完成装柜后，相关人员会进行装柜记录。他们会记录每个货柜的编号、封条号、商品清单和其他相关信息，并将这些信息上传到管理系统中。这些记录有助于跟踪货物的位置和状态，并提供给相关方进行查询和核对。

本环节的高效运作可以确保商品在运输过程中得到适当的保护，并最大限度地利用货柜空间。

4.2　出口报关——国内段出口报关

4.2.1　市场采购

市场采购贸易方式（海关监管方式代码为 1039），是指由符合条件的经营者在经国家商务主管部门认定的市场集聚区内采购的、单票报关单商品货值在 15 万美元（含 15 万美元）以下的，在海关指定口岸办理出口商品通关手续的贸易方式。

市场采购贸易的组货流程如图 4-5 所示。

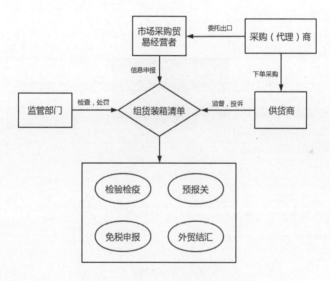

图 4-5　市场采购贸易的组货流程

1. 市场采购贸易的优势

（1）免征增值税：对市场集聚区内商户以市场采购贸易方式出口的货物实行增值税免税政策。这样就可以规避买单风险，合规地将货物出口。

（2）实现税务合规：市场采购贸易满足市场集聚区内商户"单小、货杂、品种多"的无票出口外贸需求，实实在在地解决小微企业和个体工商户难以通过一般贸易方式出口的难题——解决了无法取得进项发票、税负率过高的问题。

（3）收汇灵活：允许多主体收汇，允许使用人民币结算；解决没有外汇收款渠道的问题，可通过大陆正规银行收汇结汇，实现企业合法结汇收款；规避个人账户不合规收汇、换汇账户被冻结及后续被追缴税款的风险。

（4）通关便利：在市场采购报关模式下，多个订单可被合并为一个大批量订单，简化了归类，降低了海关审查的风险，减少了报关次数，降低了报关手续的复杂性，大幅提高了报关的效率，节省了时间和成本，同时减少了跨境电商物流企业的运营成本。

图 4-6 所示为 1039 报关单。

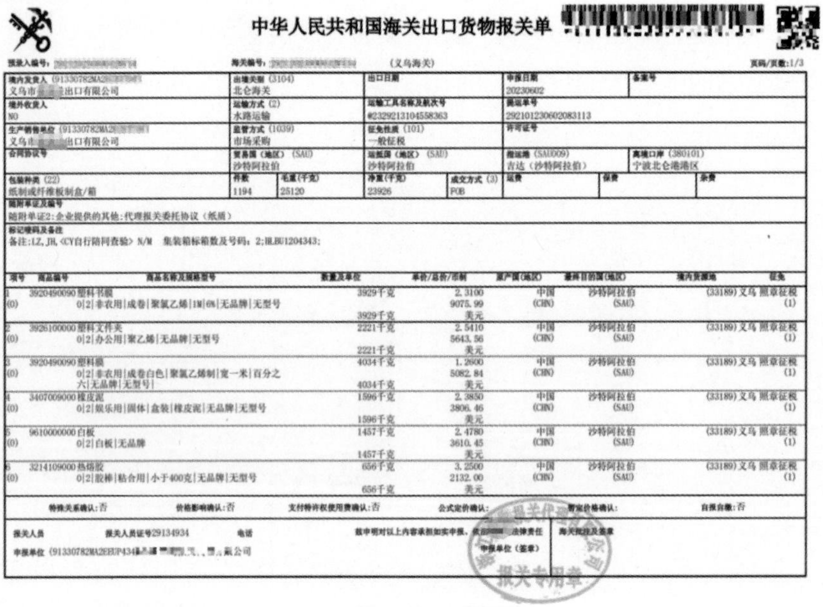

中华人民共和国海关出口货物报关单

预录入编号： 海关编号： （义乌海关） 页码/页数：1/3

境内发货人 (91330782MA2 义乌市 出口有限公司	出境关别 (3104) 北仑海关	出口日期	申报日期 20230602	备案号
境外收货人 NO	运输方式 (2) 水路运输	运输工具名称及航次号 @2329213104558363	提运单号 292101230602083113	
生产销售单位 (91330782MA2 义乌市 出口有限公司	监管方式 (1039) 市场采购	征免性质 (101) 一般征税	许可证号	
合同协议号	贸易国（地区） (SAU) 沙特阿拉伯	运抵国（地区） (SAU) 沙特阿拉伯	指运港 (SAU009) 吉达（沙特阿拉伯）	离境口岸 (380101) 宁波北仑港港区
包装种类 (22) 纸制或纤维板制盒/箱	件数 1194 / 毛重(千克) 25120	净重(千克) 23926 / 成交方式 (3) FOB	运费 / 保费	杂费

随附单证及编号
随附单证2:企业提供的其他:代理报关委托协议（纸质）

标记唛码及备注
备注:LZ,JH,<CY自行陪同查验> N/M 集装箱标箱数及号码：2;HLBU1204343;

项号	商品编号	商品名称及规格型号	数量及单位	单价/总价/币制	原产国(地区)	最终目的国(地区)	境内货源地	征免
1 (0)	3920490090	塑料书膜 0|2|非农用|成卷|聚氯乙烯|1M|6%|无品牌|无型号	3929千克 3929千克	2.3100 9075.99 美元	中国 (CHN)	沙特阿拉伯 (SAU)	(33189)义乌	照章征税 (1)
2 (0)	3926100000	塑料文件夹 0|2|办公用|聚乙烯|无品牌|无型号	2221千克 2221千克	2.5410 5643.56 美元	中国 (CHN)	沙特阿拉伯 (SAU)	(33189)义乌	照章征税 (1)
3 (0)	3920490090	塑料膜 0|2|非农用|成卷白色|聚氯乙烯制|宽一米|百分之六|无品牌|无型号|	4034千克 4034千克	1.2600 5082.84 美元	中国 (CHN)	沙特阿拉伯 (SAU)	(33189)义乌	照章征税 (1)
4 (0)	3407009000	橡皮泥 0|2|娱乐用|固体|盒装|橡皮泥|无品牌|无型号	1596千克 1596千克	2.3850 3806.46 美元	中国 (CHN)	沙特阿拉伯 (SAU)	(33189)义乌	照章征税 (1)
5 (0)	9610000000	白板 0|2|白板|无品牌	1457千克 1457千克	2.4780 3610.45 美元	中国 (CHN)	沙特阿拉伯 (SAU)	(33189)义乌	照章征税 (1)
6 (0)	3214109000	热熔胶 0|2|胶棒|粘合用|小于400克|无品牌|无型号	656千克 656千克	3.2500 2132.00 美元	中国 (CHN)	沙特阿拉伯 (SAU)	(33189)义乌	照章征税 (1)

特殊关系确认:否 价格影响确认:否 支付特许权使用费确认:否 公式定价确认: 暂定价格确认: 自报自缴:否

报关人员 报关人员证号29134934 电话 兹申明对以上内容承担如实申报、依法纳税之法律责任 海关批注及签章
申报单位 (91330782MA2EUP434 公司 申报单位（签章）

报关专用章

图 4-6 1039 报关单

2. 市场采购贸易的申报流程

1）资格备案

从事市场采购贸易的对外贸易经营者，应当在市场集聚区所在地商务主管部门办理市场采购贸易经营者备案登记，并按照相关规定在海关办理进出口货物收发货人备案。企业可采用“多证合一”方式或通过“单一窗口”“互联网+海关”办理进出口货物收发货人备案。

2）商品备案

从事市场采购贸易的对外贸易经营者对其代理出口商品的真实性、合法性承担责任。

经市场采购商品认定体系确认的商品信息应当通过市场综合管理系统与海关实现数据联网共享。对经市场综合管理系统确认的商品，海关按照市场采购贸易方式实施监管。

3）提出检验检疫申请

对于需实施检验检疫的市场采购贸易出口商品，对外贸易经营者可根据实际情况自由选择在采购地或产地实施检验检疫。

（1）对于需在采购地实施检验检疫的，对外贸易经营者应建立合格供方、商品质量检查验收、商品溯源等管理制度，提供经营场所、仓储场所等相关信息，并在出口申报前向采购地的海关提出检验检疫申请。

（2）对于选择在产地实施检验检疫的，对外贸易经营者应在出口申报前向商品产地所在地的海关提出检验检疫申请。

3. 不适用市场采购贸易出口模式的商品及商品目录

根据《关于修订市场采购贸易监管办法及其监管方式有关事宜的公告》（海关总署公告2019 年第 221 号），以下商品不适用市场采购贸易出口模式：

（1）国家禁止或限制出口的商品；

（2）未经市场采购商品认定体系确认的商品；

（3）贸易管制主管部门确定的其他不适用市场采购贸易方式的商品。

目前，商务部等七部委发布的不适用市场采购贸易出口模式的商品目录包括：

（1）《禁止出口货物目录》；

（2）《出口许可证管理货物目录》；

（3）《两用物项和技术出口许可证管理目录》；

（4）《进出口野生动植物种商品目录》；

（5）《精神药品品种目录》；

（6）《麻醉药品品种目录》；

（7）《进出口农药管理目录》；

（8）《兴奋剂目录》；

（9）《黄金及其制品进出口管理商品目录》；

（10）《中国严格限制进出口的有毒化学品目录》；

（11）新型冠状病毒检测试剂、医用口罩、医用防护服、呼吸机、红外体温计和非医用口罩（暂停）。

此外，对外贸易经营者应履行商品质量主体责任，对出口市场在生产、加工、存放等方面有监管或提供官方证书要求的农产品、食品、化妆品，应符合相关法律法规规定或双边协议要求。

4.2.2 一般贸易

一般贸易（海关监管方式代码为0110）是指在中国境内有进出口经营权的企业单边进口或单边出口的贸易。按一般贸易交易方式进出口的货物即一般贸易货物。一般贸易货物在进口时可以按一般进出口监管制度办理海关手续，这时它就是一般进出口货物；同时，它也可以享受特定减免税优惠，即按特定减免税监管制度办理海关手续，这时它就是特定减免税货物。

一般贸易适用境内企业与境外企业通过传统贸易方式完成交易的情况，也就是一般贸易出口，需要企业随附委托书、合同、发票、提单、装箱单等单证。

一般贸易是目前传统外贸和跨境电商比较常用的一种模式，虽然它不具备跨境电商身份，但它同样可以享受出口退税和免税的政策优惠，而且操作上比跨境电商 9710 模式（B2B）更为简单。

下面对一般贸易报关模式进行解析。

1．定义

一般贸易报关模式是指在跨境贸易中，将商品按照一般贸易出口方式进行报关的模式。

2．流程

一般贸易报关模式的流程较为复杂，主要包括以下几个步骤。

1）准备报关文件和资料

跨境贸易主体准备相关的报关文件和资料，包括进出口合同、商业发票、装箱单、产地证明等。

2）选择报关方式

跨境贸易主体根据具体情况，选择合适的报关方式，可以选择自行报关，也可以委托报关代理企业进行报关。

3）报关申报

跨境贸易主体根据报关文件和资料，向海关递交报关单，包括商品的详细信息、数量、价值等。

4）海关审核

海关对报关单进行审核，对商品进行验放并办理清关手续。具体来讲，海关会对商品进行查验、检验和计量等，确保商品遵守相关法规、符合相关质量标准。

5）缴纳关税及其他税费

根据海关的要求，跨境贸易主体需要按照相关规定缴纳关税及其他税费。

6）运输和交付

一旦商品顺利通过海关审核并缴纳关税及其他税费，跨境贸易主体就可以选择合适的物流方式将商品送达目的地国家或地区。

3．特点

一般贸易按照国家的法律法规和通用的国际贸易规则进行，贸易自由度相对较高，可以采用多种贸易方式。

一般贸易报关模式具有以下特点。

1）报关流程复杂

相对于其他贸易模式，一般贸易报关模式的报关流程更为复杂，需要准备大量的报关文件和资料，同时商品需要遵守相关法规、符合相关质量标准。

2）关税及其他税费较高

一般贸易需要缴纳的关税及其他税费较高，这是由贸易自由度高和商品交易正规化的特点所决定的。

在选择报关模式时，企业需要根据自身情况和贸易需求做出合理的选择。

图 4-7 所示为 0110 报关单。

图 4-7   0110 报关单

4.2.3 跨境电商 9610 模式

1. 9610 模式是什么

9610 是海关监管方式代码。9610 全称为"跨境贸易电子商务",也就是我们常说的 B2C 出口。

9610 模式针对的是小体量包裹的报关出口,也就是俗称的"集货模式",比如国际商业快递发货。快件报关需要在专门的快件中心封关,通常是机场海关。

2. 9610 政策出台的原因

对于采用快递方式出口的卖家来说,若采用一般贸易出口报关模式对单个包裹报关清关,则需要大量的人力、物力,这必然不利于中小卖家的发展。因此,为了方便这类卖家退税,国家出台了 9610 政策。9610 政策是一种报关模式,专为销售对象为单个买家的中小跨境电商卖家服务。在 9610 模式下,海关需对跨境电商卖家报送的出口商品清单进行审核,审核通过后就可办理实货放行手续,这样不仅提高了通关效率,而且降低了通关成本。

3．9610 模式出口报关的核心

（1）清单核放，即跨境电商出口企业将"三单信息"（订单、物流单清单、支付信息）推送到单一窗口，海关对清单进行审核并办理货物放行手续，通关效率更高，通关成本更低。

（2）汇总申报，指跨境电商出口企业定期汇总清单，形成报关单进行申报，海关出具报关单退税证明，解决企业的出口退税难题。

4．9610 模式出口报关的开展流程

凡是参与跨境电商零售出口业务的企业，包括跨境电商企业（或其代理人）、物流企业等，需办理报关业务的，应当在所在地海关办理信息登记。

1）通关申报

跨境电商企业（或其代理人）、物流企业应当通过国际贸易"单一窗口"或跨境电商通关服务平台，向海关传输交易、收款、物流等电子信息，申报出口明细清单。

2）离境结关

在出口明细清单被放行后，跨境电商出口商品通过运输工具被运输离境，对应出口申报清单结关。

3）汇总申报

跨境电商零售商品出口后，跨境电商企业（或其代理人）应当于每月 15 日前按规定汇总上月结关的出口申报清单，形成出口报关单，但允许以"清单核放、汇总统计"方式办理报关手续的，则不再汇总。

5．9610 模式的特点

1）标准化

9610 编码是按照海关规定进行的商品分类和归类标准，具有一定的标准化特点，有利于进行统一管理和监控。

2）流程简化

相对于其他报关模式来说，9610 模式流程相对简单，只需要按照规定填写报关单并缴纳关税。

3）提高效率

采用 9610 模式进行报关，可以提高报关效率，减少人工干预和操作失误的可能性。

6. 9610 模式要注意的事项

如果要通过 9610 模式来退税，就要走快递、专线的渠道。如果走邮政代理，一般是没办法退税的。

图 4-8 所示为 9610 模式放行明细单。

图 4-8　9610 模式放行明细单

4.2.4　跨境电商 9710 模式

跨境电商 9710 模式，是指境内企业在通过跨境电商平台与境外企业达成交易后，通过跨境物流将货物直接出口至境外企业，并向海关传输相关电子数据的模式。9710 模式适用于跨境电商 B2B 直接出口货物的情况。

跨境电商 9710 模式出口备案及报关的相关介绍如下。

1. 备案所需材料

（1）申请报告。

（2）跨境电商信息登记表。

（3）跨境电商平台店铺资质页面截图（显示企业名称等信息）、店铺成交记录截图（部分）、店铺后台实地认证完成页面截图、店铺后台显示的工商注册信息页面截图（前述所有的截图都要截出网址），以及平台服务合同（需在服务期内）。

（4）营业执照、对外贸易经营者备案等基本资料。

（5）县（市、区）商务部门的书面意见。

2．报关所需资料

（1）出口委托书。

（2）出口货物明细单。

（3）装箱单。

（4）发票。

（5）出口许可证、出口单证文件等。

3．申报流程

（1）企业将所有材料递交至商务部门，商务部门收到材料后出具书面意见。

（2）企业将所有纸质材料（每页盖章）提交至当地海关进行备案审核。

（3）海关审核完成后，企业完成跨境电商资质注册（在国际贸易单一窗口上操作）。

（4）企业联系中国电子口岸数据中心杭州分中心，申请新 IC 卡和传输 ID 等数字证书，进行系统对接，测试成功后即可开展申报业务。

此外，对于单票金额超过人民币 5000 元的，或涉证、涉检、涉税的跨境电商 B2B 出口货物，企业应通过 H2018 通关管理系统办理通关手续；对于单票金额在人民币 5000 元（含）以内，且不涉证、不涉检、不涉税的，企业可以通过 H2018 通关管理系统或跨境电商出口统一版系统办理通关手续。

4．跨境电商企业可享受的通关便利

1）报关全程信息化

企业通过"单一窗口"或"互联网+海关"传输交易订单、海外仓订仓单等电子信息，且全部以标准报文格式自动导入。报关单和申报清单均为无纸化，简化了企业申报手续。

2）新增便捷申报通道

对单票金额在人民币 5000 元（含）以内且不涉证、不涉检、不涉税的货物，可通过跨境电商出口统一版系统以申报清单的方式进行通关，申报要素比报关单减少 57 项，清单无须汇总报关单，这可让中小微出口企业的申报更为便捷、通关成本进一步降低。

3）综试区简化申报

参照综试区所在地海关开展跨境电商零售出口（9610）简化申报的做法，在综试区所在地海关申报符合条件的 9710、9810 清单，可申请按照 6 位 HS 编码（海关编码）简化申报。

4）物流和查验便利

跨境电商 B2B 出口货物可按照“跨境电商”类型办理转关。通过 H2018 通关管理系统通关的，同样适用全国通关一体化。企业可根据自身实际情况选择时效性更强、组合更优的方式运送货物，同时可享受优先查验的便利。

5）便于准确申报和监管

9710 模式根据商品的特征和用途进行分类，比较精细，有利于实现准确申报和监管。图 4-9 所示为 9710 报关单。

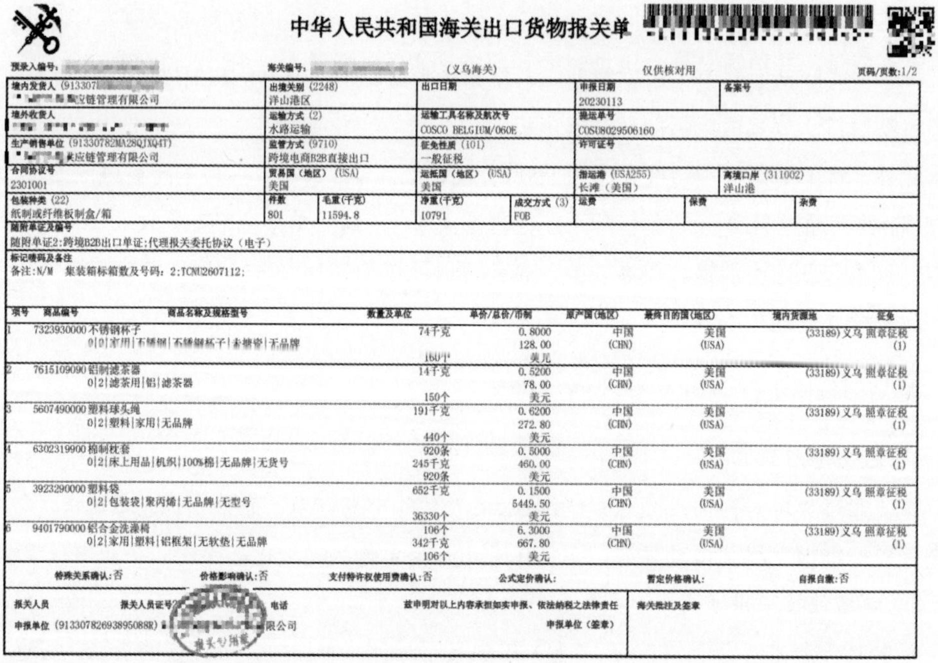

中华人民共和国海关出口货物报关单

预录入编号：　海关编号：　（义乌海关）　仅供核对用　页码/页数:1/2

境内发货人 (913307　　应链管理有限公司	出境关别 (2248) 洋山港区	出口日期	申报日期 20230113	备案号
境外收货人	运输方式 (2) 水路运输	运输工具名称及航次号 COSCO BELGIUM/060E	提运单号 COSU8029506160	
生产销售单位 (91330782MA28QJXQ4T) 　　应链管理有限公司	监管方式 (9710) 跨境电商B2B直接出口	征免性质 (101) 一般征税	许可证号	
合同协议号 2301001	贸易国（地区） (USA) 美国	运抵国（地区） (USA) 美国	指运港 (USA255) 长滩（美国）	离境口岸 (311002) 洋山港

包装种类 (22)	件数	毛重(千克)	净重(千克)	成交方式 (3)	运费	保费	杂费
纸制或纤维板制盒/箱	801	11594.8	10791	FOB			

随附单证及编号
随附单证2:跨境B2B出口单证;代理报关委托协议（电子）

标记唛码及备注
备注:N/M　集装箱标箱数及号码：2:TCNU2607112;

项号	商品编号	商品名称及规格型号	数量及单位	单价/总价/币制	原产国(地区)	最终目的国(地区)	境内货源地	征免
1	7323930000	不锈钢杯子 0|0|家用|不锈钢|不锈钢杯子|未搪瓷|无品牌	74千克 160个	0.8000 128.00 美元	中国 (CHN)	美国 (USA)	(33189) 义乌	照章征税 (1)
2	7615109090	铝制滤茶器 0|2|滤茶用|铝|滤茶器	14千克 150个	0.5200 78.00 美元	中国 (CHN)	美国 (USA)	(33189) 义乌	照章征税 (1)
3	5607490000	塑料球头绳 0|2|塑料|家用|无品牌	191千克 440个	0.6200 272.80 美元	中国 (CHN)	美国 (USA)	(33189) 义乌	照章征税 (1)
4	6302319900	棉制枕套 0|2|床上用品|机织|100%棉|无品牌|无货号	920条 245千克 920条	0.5000 460.00 美元	中国 (CHN)	美国 (USA)	(33189) 义乌	照章征税 (1)
5	3923290000	塑料袋 0|2|包装袋|聚丙烯|无品牌|无型号	652千克 36330个	0.1500 5449.50 美元	中国 (CHN)	美国 (USA)	(33189) 义乌	照章征税 (1)
6	9401790000	铝合金洗澡椅 0|2|家用|塑料|铝框架|无软垫|无品牌	106个 342千克 106个	6.3000 667.80 美元	中国 (CHN)	美国 (USA)	(33189) 义乌	照章征税 (1)

特殊关系确认:否　价格影响确认:否　支付特许权使用费确认:否　公式定价确认:　暂定价格确认:　自报自缴:否

报关人员　报关人员证号　电话　兹申明对以上内容承担如实申报、依法纳税之法律责任　海关批注及签章
申报单位 (91330782693895088R)　　限公司　申报单位（签章）

图 4-9　9710 报关单

4.2.5 跨境电商 9810 模式

跨境电商 9810，即跨境电商出口海外仓，海关监管代码为 9810。其主要是国内企业通过跨境物流将货物以一般贸易的方式批量出口至海外仓，经跨境电商平台完成线上交易后，货物再由海外仓送达境外买家的一种货物出口模式，通常也叫作跨境电商 B2B2C 出口。

1. 企业资质要求

跨境电商 9810 模式备案企业应为已在海关注册，企业信用等级为一般信用及以上的跨境电商企业。此外，企业的业务类别必须是进出口货物的收发商。

2. 申报要求

选择跨境电商出口海外仓的企业申报前需上传海外仓委托服务合同等海外仓订单、订仓单电子信息，并填写海外仓地址、委托服务期限等关键信息；在出口货物入仓后需上传入仓电子信息，并填写入仓商品的名称、入仓时间等关键信息。代理报关企业应填报货物对应的委托企业工商信息。

企业申报的"三单信息"应为同一批货物的信息（单证一：报关单；单证二：订单、订仓单；单证三：物流单清单）。申报企业应对上传的电子信息、所填报信息的真实性负责。

3. 9710 模式和 9810 模式的区别

9710 模式和 9810 模式是跨境电商 B2B 出口的两种模式，跨境电商 9710 指的是跨境电商 B2B 直接出口（境内企业在通过跨境电商平台与境外企业达成交易后，通过跨境物流将货物直接出口至境外企业）。跨境电商 9810 指的是跨境电商出口海外仓（境内企业将货物通过跨境物流出口至海外仓，通过跨境电商平台实现交易后从海外仓送达境外买家）。9710 模式和 9810 模式报关流程对比图如图 4-10 所示。

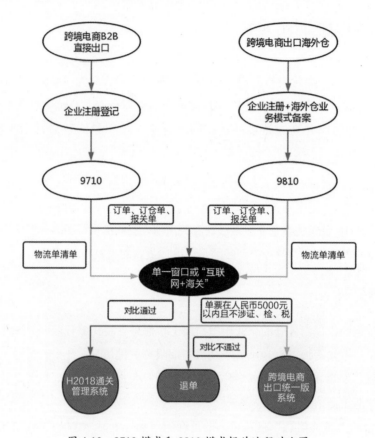

图 4-10　9710 模式和 9810 模式报关流程对比图

4. 9810 模式的特点

1）综合分类

9810 模式是综合分类的一种，相对于其他报关模式的分类更为综合，适用范围更广。

2）简化报关

基于综合分类的特点，9810 模式可以简化报关手续，降低分类的烦琐性。

3）适用广泛

9810 模式适用于各种类型的商品，无论是原材料、成品还是其他商品，都可以按照 9810 进行报关。

图 4-11 所示为 9810 放行明细单。

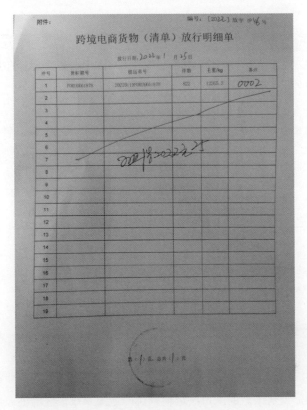

图 4-11　9810 放行明细单

几种报关模式部分属性表如表 4-1 所示。

表 4-1　几种报关模式部分属性表

属性	跨境电商 B2B 出口 （9710，9810）	一般贸易出口 （0110）	跨境电商 B2C 出口 （9610）
企业要求	参与企业均办理注册登记出口海外仓企业备案	企业注册登记	跨境电商企业（或其代理人）、物流企业办理信息登记
随附单证	9710：报关单、订单、订仓单、物流单清单（低值） 9810：报关单、订单、订仓单、物流单清单（低值）（报关时委托书第一次提供）	委托书、合同、发票、提单、装箱单等	订单、物流单清单、支付信息
通关系统	H2018 通关管理系统或跨境电商出口统一版系统（单票在人民币 5000 元以内，且不涉证、不涉检、不涉税的）	H2018 通关管理系统	跨境电商出口统一版系统

续表

属性	跨境电商 B2B 出口 （9710，9810）	一般贸易出口 （0110）	跨境电商 B2C 出口 （9610）
简化申报	在综试区所在地海关通过跨境电商出口统一版系统申报，符合条件的清单，可申请按照 6 位 HS 编码简化申报	—	在综试区所在地海关通过跨境电商出口统一版系统申报，符合条件的清单，可申请按 4 位 HS 编码简化申报
物流	可适用转关或直接口岸出口，通过 H2018 通关管理系统通关的可适用全国通关一体化	可适用直接口岸出口或全国通关一体化	可适用转关或直接口岸出口
查验	可优先安排查验	—	—

4.3 干线——国内到国外段干线运输环节

4.3.1 海洋运输的操作流程

在跨境电商物流中，国内到国外段干线海洋运输（海运）环节是非常重要的一环。在这个环节中，货物需要从国内的港口被运输到目的地国家或地区的港口。以下是对国内到国外段干线海运环节的介绍。

1. 准备货物

在进行运输前，工作人员需要将货物用集装箱装载（应选择合适的包装，以确保在运输过程中货物不受损），同时还需要进行货物的清点、标记和分类等准备工作。

2. 订舱和报关

当货物准备完毕后，工作人员就需要与船运公司联系订舱，同时还需要进行海关报关——提交相关的报关文件和资料，以确保货物符合进出口的法规和要求。

3. 装船和出运

当货物通过海关审核，码头放行后，船运公司会安排装船。货物将被装入集装箱，并在船舶上被固定和封存。之后，船舶会按照计划出发，开始运输。

4．运输过程

货物将通过船舶运输到目的地国家或地区的港口。在这个过程中，船舶可能会经过不同的中转港口，工作人员应根据航线和货物的目的地进行卸货和装货。

5．港口操作和清关

当船舶到达目的地港口后，工作人员就需要进行卸货和港口操作了。工作人员将货物从船舶上卸下，并进行清点和分类。之后，工作人员需要进行目的地国家或地区的海关清关。

6．配送

完成海关清关后，工作人员将根据目的地国家或地区的要求进行配送，包括将货物转运到内陆目的地或由买家自行取货。

在整个国内到国外段干线海运环节中，卖家需要与船运公司、海关和港口等相关机构进行合作和协调，以确保货物的安全和顺利运输，同时还需要关注海运时效、费用和可追踪性等方面，以提供更好的跨境电商物流服务。

4.3.2　航空运输的操作流程

在跨境电商物流中，国内到国外段干线航空运输（空运）服务是一种快速、安全、高效的运输方式。以下是对国内到国外段干线空运服务的介绍。

1．准备货物

在进行空运之前，工作人员需要对货物进行合理的包装和标记（应选择合适的包装，以确保在运输过程中货物不受损），同时还需要进行货物的清点、分类和准备相关的运输文件。

2. 选择航空公司

选择合适的航空公司是干线空运的关键。不同航空公司提供的服务和路线不同，价格和时效也会有所不同，因此工作人员应根据货物的特点、目的地情况和预算等，选择最合适的航空公司。

3. 航班预订和订舱

在选择好航空公司后，卖家就需要与其联系进行航班预订和订舱。在预订时，卖家需要提供货物的详细信息，包括重量、尺寸和数量等，同时还需要根据航空公司的要求提交相关的运输文件和资料。

4. 安全检查

在进行空运之前，货物需要经过安全检查。这包括 X 光检查、犬检等，以确保货物的安全性和合规性。此外，购买货物保险也是很有必要的，这可以应对可能的损失和风险。

5. 装载和起飞

当货物通过安全检查后，航空公司将安排货物的装载：将货物装入飞机的货舱，并进行固定和封存。之后，飞机将按计划起飞，开始运输。

6. 运输过程

货物将通过飞机运输到目的地国家或地区的机场。在这个过程中，飞机可能会经过中转机场，工作人员应根据飞机的航线和货物的目的地进行换机和转运。

7. 清关和配送

当货物到达目的地机场后，工作人员就需要进行海关清关了。这包括提交相关的报关文件和资料，以确保货物符合目的地国家或地区的进出口要求。在完成清关后，工作人员将根据目的地国家或地区的要求进行配送，包括将货物转运到内陆目的地或由买家自行取货。

空运服务具有快速、安全和高效的特点，适用于对时效性要求较高的跨境电商运输。在选择空运服务时，卖家需要考虑货物的特点、目的地情况、时效要求和预算等因素，以提供更好的跨境电商物流服务，同时还需要与航空公司、海关和机场等相关机构进行合作和协调，以确保货物的安全和顺利运输。

4.3.3　铁路运输的操作流程

在跨境电商物流中，国内到国外段干线铁路运输是一种经济、环保、高效的运输方式。以下是对国内到国外段干线铁路运输的介绍。

1．集货和装柜

在进行铁路运输之前，工作人员需要进行集货和装柜（应先选择合适的包装，以确保货物在运输过程中不受损，然后将货物装入集装箱，并进行封存）。

2．选择铁路运输公司

选择合适的铁路运输合作伙伴非常重要。不同的铁路运输公司提供的服务和路线不同，价格和时效也有所不同，因此工作人员应根据货物的特点、目的地情况和预算等选择最合适的铁路运输公司。

3．进行报关和办理运输手续

在进行铁路运输之前，工作人员需要进行海关报关——提交相关的报关文件和资料，以确保货物符合进出口的法规和要求；同时还需要办理相关的运输手续，如提供货物的清单和运输合同等。

4．装车和发车

当货物通过海关审核后，铁路运输公司就会安排装车工作：将货物装入火车车厢，并进行固定和封存。之后，火车按计划发车，开始运输。

5．运输过程

货物将通过火车运输到目的地国家或地区的火车站。在这个过程中，火车可能会经过不同的中转火车站，工作人员应根据火车的线路和货物的目的地进行卸货和装货。

6. 清关和配送

当货物到达目的地火车站后，工作人员就需要进行海关清关——提交相关的报关文件和资料，以确保货物符合目的地国家或地区的进出口要求。在完成清关后，工作人员将根据目的地国家或地区的要求进行配送，包括将货物转运到内陆目的地或由买家自行取货。

铁路运输具有经济、环保和高效的特点，适用于对成本和时效性要求较高的跨境电商运输。在选择铁路运输时，卖家需要考虑货物的特点、目的地情况、时效要求和预算等因素，以提供更好的跨境电商物流服务，同时还需要与铁路运输公司、海关和火车站等相关机构进行合作和协调，以确保货物的安全和顺利运输。

4.3.4 公路运输的操作流程

在跨境电商物流中，国内到国外段干线公路运输是一种灵活、便捷的运输方式。以下是对国内到国外段干线公路运输的介绍。

1. 准备货物

在进行公路运输之前，工作人员需要将货物准备好并进行装车（应选择合适的包装，以确保货物在运输过程中不受损；将货物装入货车后要进行固定和封存）。

2. 选择合适的公路运输公司

选择合适的公路运输公司是公路运输的关键。不同的公路运输公司提供的服务和路线不同，价格和时效也有所不同，因此应根据货物的特点、目的地情况和预算等选择最合适的公路运输公司。

3. 准备运输文件和办理手续

在进行公路运输之前，工作人员需要准备相关的运输文件，比如准备货物清单、运输合同、保险合同等；同时需要办理相关的报关手续，以确保货物符合进出口的法规和要求。

4. 行驶和过境

在完成上述工作后，货车将开始行驶。在国内段的公路运输中，货车将经过不同的省市，根据道路和交通情况进行行驶。在国外段的公路运输中，办理相关的报关手续是必需的，以确保货物符合进出口的法规和要求。

5．清关和配送

在货车到达目的地国家或地区的边境口岸后，工作人员需要办理海关清关手续——提交相关的报关文件和资料，以确保货物符合目的地国家或地区的进出口要求。在完成清关后，工作人员将根据目的地国家或地区的要求进行配送，包括将货物转运到内陆目的地或由买家自行取货。

公路运输具有灵活、便捷的特点，适用于小批量、紧急或目的地偏远的跨境电商运输。在选择公路运输时，卖家需要考虑货物的特点、目的地情况、时效要求和预算等因素，以提供更好的跨境电商物流服务，同时还需要与公路运输公司、海关和边境口岸等相关机构进行合作和协调，以确保货物的安全和顺利运输。

4.3.5　国际商业快递运输的操作流程

在跨境电商物流中，国内到国外段干线国际商业快递运输是一种快速、可追踪的运输方式。以下是对国内到国外段干线国际商业快递运输的介绍。

1．准备货物

在进行运输之前，卖家需要将货物准备好并进行打包。货物应经过适当的包装，以确保在运输过程中不受损。合适的包装可以保护货物免受潮湿、震动和碰撞等因素的影响。

2．选择合适的快递公司

选择合适的快递公司是国际商业快递运输的关键。不同的快递公司提供的服务和路线不同，价格和时效也有所不同，因此工作人员应根据货物的特点、目的地情况和预算等因素选择最合适的快递公司。

3．准备运输文件和办理手续

在进行运输之前，工作人员需要准备相关的运输文件，比如货物清单、运输合同、保险合同等；同时办理相关的报关手续，以确保货物符合进出口的法规和要求。

4．取件和发件

当准备好货物并完成相关手续后，快递员将上门取件。快递员会根据货物的重量和尺寸等选择合适的包装和运输方式。之后，快递员将货物交付给快递公司。

5．运输和追踪

货物将通过国际商业快递进行运输。快递公司将根据所选的运输方式和目的地国家或地区的要求选择合适的运输方式。在运输过程中，卖家和买家可以通过快递公司提供的追踪号码进行实时追踪，以了解货物的运输进程。

6．清关和配送

当货物到达目的地国家或地区的快递中心后，工作人员需要进行海关清关（提交相关的报关资料，以确保货物符合目的地国家或地区的进出口要求）。在完成清关后，快递公司将根据目的地国家或地区的要求进行配送，将货物送达收件人手中。

国际商业快递运输具有快速、可追踪的特点，适用于小批量、紧急或时效要求较高的跨境电商运输。在选择国际商业快递运输时，卖家需要考虑货物的特点、目的地情况、时效和预算等因素，以提供更好的跨境电商物流服务，同时还需要与快递公司和海关等相关机构进行合作和协调，以确保货物的安全和顺利运输。

4.4　关务——国外段的进口清关与转运环节

4.4.1　代理清关

在跨境电商物流中，国外段的进口清关是一个重要环节，而代理清关则是一种常见的方式。以下是关于国外段进口清关的代理清关环节的介绍。

1. 选择合适的清关代理

在进行国外段的进口清关时，跨境电商物流企业可以选择合适的清关代理来办理相关手续。清关代理通常具有丰富的经验和专业知识，能够处理各种报关等事务。

2. 提供必要的资料

为了进行进口清关，跨境电商物流企业需要向清关代理提供必要的资料，包括货物清单、商业发票、运输文件、支付凭证等。清关代理会用这些资料来办理相关的报关手续。

3. 办理报关手续

清关代理将代表跨境电商物流企业办理进口报关手续，包括向目的地国家或地区的海关部门提交相关的报关文件和资料、申报货物的价值和数量、缴纳关税和进口税等。清关代理应确保报关手续的准确和及时。

4. 审核和检查

海关部门会对提供的资料进行审核，并对货物进行检查，以确保货物的合规性和安全性。清关代理应协助跨境电商物流企业配合海关的审核和检查。

5. 缴纳关税和进口税

根据目的地国家或地区的法规和要求，跨境电商物流企业可能需要缴纳关税和进口税。清关代理会协助计算和缴纳相关的税款，并提供相应的税务文件和凭证。

6. 交付和配送

在完成进口清关后，清关代理将与快递公司合作，安排货物的交付和配送。清关代理将确保货物按照要求进行分发，并向快递公司提供必要的资料，以确保货物能被顺利运输到目的地。

代理清关是在国外段进口清关中常见的方式之一。在选择了合适的清关代理后，跨境电商物流企业可以将烦琐的清关手续交给专业的代理去办理，从而提高清关效率和准确性。同时，与清关代理的合作也可以减少跨境电商物流企业的运营风险，并确保货物的合规性和安全性。

4.4.2 自营清关

在跨境电商物流中，国外段的进口清关是一个核心环节。除了可以选择代理清关的方式，跨境电商物流企业还可以选择自营清关。以下是关于国外段进口清关的自营清关环节的介绍。

1. 熟悉目的地国家或地区的法规和要求

在进行自营清关之前，跨境电商物流企业需要深入了解目的地国家或地区的进口法规和要求，包括了解有关报关文件、进口税率、禁限物品等方面的规定。对于不同的国家或地区，进口法规和要求会有所不同，因此跨境电商物流企业需要确保自己掌握信息的准确性。

2. 准备清关资料

跨境电商物流企业需要准备必要的清关资料，包括货物清单、发票、运输文件、支付凭证等。这些资料需要准确和完整，以确保跨境电商物流企业顺利办理清关手续。

3. 提交报关申请

跨境电商物流企业需要向目的地国家或地区的海关部门提交报关申请。具体来讲，跨境电商物流企业需要提供清关文件等，并按照要求填写报关单据，同时需要根据进口法规和要求申报货物的价值、数量和规格等信息。

4. 缴纳关税和进口税

根据目的地国家或地区的法规和要求，跨境电商物流企业需要缴纳关税和进口税。在自营清关中，跨境电商物流企业需要自行计算并缴纳相关的税款。缴税时，跨境电商物流企业需要提供必要的税务文件和凭证。

5. 审核和检查

海关部门会对提交的资料进行审核，并对货物进行检查，以确保货物的合规性和安全性。在自营清关中，跨境电商物流企业需要向海关提供必要的支持和文件。

6. 物流配送

当自营清关完成后，跨境电商物流企业就与快递公司合作，安排货物的配送。跨境电商物流企业将根据目的地的要求选择合适的物流方式，并确保货物按照要求进行分发。

自营清关需要跨境电商物流企业具备一定的知识和经验，并能够熟悉目的地国家或地区的进口法规和要求。自行进行清关可以提供更大的灵活性和掌握控制权，但同时也需要承担更多的责任和风险。因此，跨境电商物流企业需要在进行自营清关前做好充分的准备，并确保按照目的地国家或地区的海关要求办理清关手续。

4.5 国外分拨环节

4.5.1 拆柜

在跨境电商物流中，国外分拨环节是非常重要的一个环节，而拆柜则是分拨环节中的关键步骤之一。以下是对拆柜环节的介绍。

1. 什么是拆柜

拆柜（见图 4-12）是指将集装箱中的货物拆开并分拨到不同的目的地。在跨境电商物流中，拆柜是分拨环节中的一个步骤。当集装箱到达目的地时，工作人员需要进行拆柜，将货物分拨到当地不同的仓库或直接发给买家。

图 4-12 拆柜

2. 拆柜流程

在拆柜环节中，工作人员首先需要检查集装箱的封条，确保集装箱未被非法打开或损坏；然后开启集装箱门，将货物逐个卸下，进行清点和分类；最后根据订单对货物进行分拨并打包或标记，以便后续进行配送。

3. 拆柜注意事项

拆柜是一个复杂的过程，注意事项如下。

1）安全性

拆柜需要在专业人员的监督下进行，以确保集装箱和货物的安全。在拆柜过程中，工作人员需要注意避免货物的损坏和丢失，以及人员受伤等事故发生。

2）准确性

拆柜后，工作人员需要对货物进行准确清点和分类，以确保每个订单的货物都能够被正确送达。因此，工作人员需要对货物进行标记或打包，以方便后续的配送。

3）准时性

拆柜需要在规定的时间内完成，以便后续能够按时配送。因此，工作人员需要制订合理的拆柜计划，并安排足够的人力和资源。

综上所述，拆柜是跨境电商物流中的一个关键环节，需要专业人员进行监督和操作。在拆柜过程中，工作人员需要注意拆柜的安全性、准确性和准时性，以确保后续按时配送和提供高质量的服务。

4.5.2 理货

理货是国外分拨环节中的关键步骤之一。以下是对理货环节的介绍。

1. 什么是理货

理货（见图 4-13）是指对海外仓库中的货物进行清点、分类和整理的过程。当货物到达海外仓库后，工作人员需要进行理货，以方便后续的分拨和配送。

2. 理货流程

图 4-13　理货

在理货环节中，首先，工作人员需要根据货物清单或订单对货物进行清点和核对（逐一确认货物的数量、品类和状态，确保与货物清单或订单信息一致）；然后，对货物进行分类，按照目的地、品类或其他标准，对货物进行分类；最后，对货物进行整理，确保货物摆放整齐、易于管理和配送。

3. 理货注意事项

理货是一个细致且关键的环节，注意事项如下。

1）准确性

在理货过程中，工作人员需要准确清点和核对货物的数量、品类和状态。特别是对特殊货物或有特殊要求的货物，应做到特别小心和细心。

2）准时性

理货需要在规定的时间内完成，以便后续的分拨和配送能够按时进行。因此，需要制订合理的理货计划，并合理安排人力和资源。

3）安全性

在理货过程中，工作人员需要确保货物的安全。特别是易碎品或有特殊保管要求的货物，更需要被妥善处理。

综上所述，理货是跨境电商物流中国外分拨环节的一个关键步骤。工作人员通过准确清点、分类和整理来确保后续的分拨和配送顺利进行，并提供高质量的服务。在理货过程中，工作人员需要注意理货的准确性、准时性和安全性，以确保后续工作的顺利进行。

4.5.3 上架

在跨境电商物流中，上架是国外分拨环节中的一个关键步骤。以下是对上架环节的介绍。

1. 什么是上架

上架（见图 4-14）是指将已经完成理货的货物，按照一定的规则和标准，放置到海外仓库的指定位置上。上架的目的是方便管理和提高仓库操作效率。

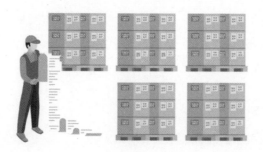

图 4-14 上架

2．上架流程

在上架环节中，工作人员首先需要根据海外仓库的规则和布局来确定货物的放置位置，然后按照货物的分类将货物逐一放置到相应的货架、货位或储物箱中。在放置过程中，工作人员需要注意货物的摆放整齐、易于取用，并确保货物的标识清晰可见。

3．上架注意事项

上架是一个细致且关键的环节，注意事项如下。

1）准确性

在上架过程中，工作人员需要准确地将货物放置到指定的位置，以方便后续的取货和配送。特别是对于不同品类、不同国家的货物，工作人员需要严格按照规定进行上架。

2）准时性

上架需要在规定的时间内完成，以便提高仓库操作效率和更好地满足客户的需求。因此，工作人员需要制订合理的上架计划，并合理安排人力和资源。

3）安全性

在上架过程中，工作人员需要确保货物的安全。特别是易碎品或有特殊保管要求的货物，更需要被妥善处理。

综上所述，上架是跨境电商物流中国外分拨环节中的一个关键步骤。工作人员应准确地将货物放置到指定位置，以方便管理和提高仓库操作效率。在上架过程中，工作人员需要注意上架的准确性、准时性和安全性，以确保后续工作的顺利进行。优化上架流程很有必要，能够提高仓库工作人员的工作效率，减少出错率，进而提供更好的服务。

仓库作业流程如图 4-15～图 4-18 所示。

图 4-15　仓库作业流程①

图 4-16　仓库作业流程②

图 4-17　仓库作业流程③

图 4-18　仓库作业流程④

4.6　末端配送环节

在跨境电商物流中，国外段末端配送环节是整个物流流程中的最后一个环节，也是直接面向买家的关键环节。以下是对国外段末端配送环节的介绍。

1. 什么是国外段末端配送

国外段末端配送是指将已经完成分拨和上架的货物，从海外仓库直接送达买家手中的过程。这一环节通常由物流企业和快递公司负责。

2. 国外段末端配送流程

在国外段末端配送环节中，工作人员首先需要根据订单信息将货物从海外仓库中取出，然后根据配送地址和配送要求选择合适的配送路线和运输方式，最后将货物按照配送要求快速送达买家手中。

3. 国外段末端配送注意事项

国外段末端配送是一个关键且直接面向买家的环节，注意事项如下。

1）时效性

国外段末端配送需要在规定的时间内完成，以满足买家的需求和期望。因此，工作人员需要合理安排配送路线和运输方式，并确保及时交付货物。

2）准确性

在配送过程中，工作人员需要准确核对订单信息和配送要求，以确保货物送达的准确性。

3）安全性

在配送过程中，工作人员需要确保货物的安全。特别是易碎品或有特殊保管要求的货物，工作人员需要加强其保护措施，以保证货物被完好送达。

综上所述，国外段末端配送是跨境电商物流中的最后一个环节，直接影响到买家的购物体验和满意度。工作人员应合理安排配送路线和运输方式，准确核对订单信息和配送要求，并加强货物的保护措施，以确保国外段末端配送的时效性、准确性和安全性。要知道，提供高质量的配送服务是增强买家忠诚度和促进业务发展的重要手段之一。

4.6.1 快递配送

跨境电商物流的国外段快递配送环节是指在货物抵达目的地国家或地区后，通过快递公司进行"最后一公里"的配送。以下是对该环节的详细介绍。

1. 选择快递公司

在进行国外段快递配送之前，跨境电商物流企业需要选择可靠的快递公司进行配送。跨境电商物流企业需要考虑快递公司的服务质量、配送范围、价格和时效等因素，以确保货物被准时、安全地送达。

2．规划路线

在进行国外段快递配送之前，跨境电商物流企业需要进行路线规划。根据配送地址选择最佳的配送路线——考虑道路条件和目的地的限制等，从而最快、最安全地将货物送达目的地。

3．进行包装

在进行国外段快递配送之前，跨境电商物流企业需要对货物进行包装（需要选择合适的包装材料和方式，以保证货物不受损），并确保快递公司能够接收和配送货物。

4．取货并配送操作

快递公司会将货物从海外仓库取走，并进行配送。具体来讲，快递公司会将货物送达买家指定的地址，并按照买家的要求进行交付。在配送过程中，配送人员可能需要使用搬运设备和辅助工具，以提高工作效率。

5．签收和确认收货

在将货物交付给买家（见图 4-19）之前，配送人员会要求买家签收并确认收货。签收前，买家需要仔细检查货物的数量、质量和完整性，并在签收单上确认。这有助于货物的准确交付，并为后续的售后服务提供依据。

图 4-19　快递交付

6．运输管理

在国外段快递配送过程中，跨境电商物流企业需要进行运输管理。工作人员可使用物流管理系统进行货物跟踪和监控，及时更新货物的位置和状态，并与买家保持沟通，提供配送进度信息。

7．售后服务

在国外段快递配送完成后，跨境电商物流企业还会提供售后服务。如果买家对货物有任何问题或需要退换货，那么跨境电商物流企业会协助解决，并提供相应的售后支持。

综上所述，快递配送是确保货物从海外仓库到达买家手中的重要环节，跨境电商物流企业需要确保配送的高效、准时，并与买家保持良好的沟通和提供高质量服务。

4.6.2 卡车配送

图 4-20　卡车配送

跨境电商物流的国外段卡车配送环节是指在货物抵达目的地国家或地区后，通过卡车进行"最后一公里"的配送，如图 4-20 所示。以下是对该环节的详细介绍。

1．车辆准备

在进行卡车配送之前，跨境电商物流企业需要准备适用于国外段运输的卡车（应检查车辆的状况和性能），以确保卡车能够安全、高效地进行配送。

2．路线规划

在进行卡车配送之前，跨境电商物流企业需要进行路线规划，根据配送地址选择最佳的配送路线（考虑道路条件和目的地的限制等），从而最快、最安全地将货物送达目的地。

3．卸货操作

卡车抵达目的地后，跨境电商物流企业的司机和配送人员会进行卸货操作。他们会将货物从卡车上卸下，并按照买家的要求进行交付。在卸货过程中，他们可能需要使用搬运设备和辅助工具，以提高工作效率。

4．签收和确认收货

在将货物交付给买家之前，配送人员会要求买家签收并确认收货。签收前，买家需要仔细检查货物的数量、质量和完整性，并在签收单上确认。这有助于货物的准确交付，并为后续的售后服务提供依据。

5．运输管理

在卡车配送过程中，跨境电商物流企业需要进行运输管理。工作人员可使用物流管理系统进行货物跟踪和监控，及时更新货物的位置和状态，并与买家保持沟通，提供配送进度信息。

6．售后服务

在卡车配送完成后，跨境电商物流企业还会提供售后服务。如果买家对货物有任何问题或需要退换货，那么跨境电商物流企业会协助解决，并提供相应的售后支持。

综上所述，卡车配送是确保货物从海外仓库到达买家手中的重要环节，跨境电商物流企业需要确保配送的高效、准时，并与买家保持良好的沟通和提供高质量服务。

4.7　B2C 跨境出口的物流模式选择

随着跨境电商零售市场的迅猛发展，物流企业应声而动。如何选择合适的跨境电商物流模式（在节约物流成本和保证货物安全的同时保证发货速度），以满足买家的需求，是跨境电商卖家需要不断探索和持续优化的问题。

下面对跨境电商物流的全流程进行全面阐述，并对不同模式进行分析，希望能为各位卖家提供参考。

4.7.1 跨境电商物流全流程

跨境电商物流一般包含七个环节，如图 4-21 所示。

图 4-21 跨境电商物流节点流程图

跨境电商物流链条长、环节多、成本高、时效存在不确定性，卖家的运输需求也较为多样，因此衍生出多种物流模式。一般而言，B2C 跨境出口的物流模式分为跨境直发和海外仓两种模式。

4.7.2 跨境直发模式与海外仓模式

1. 跨境直发

跨境直发模式是指物流服务商完成出口货物门到门的全流程物流环节。跨境直发物流服务产品因包裹可追踪能力、时效要求、计费方式的不同，在价格方面有明显区别，卖家可根据自身的实际运输需求进行选择。跨境直发物流服务产品主要包括邮政物流、专线物流、商业快递三种类型。

1）邮政物流

邮政物流的主要优势在于：

- 性价比高，适用于低价值商品跨境配送；
- 依赖于邮政网络，配送无死角；
- 需提供的报关资料相对较少，查验率和被税风险低。

但由于邮政物流价格低，因此处理优先级低，而且时效慢、跟踪查询能力差、服务水平不高等问题明显。

邮政物流更适合体积较小、卖价低和利润空间较小、对服务要求和时效要求不高的商品的运输。

2）专线物流

专线物流指物流服务商收集大批量卖家包裹，集中发往某一特定国家或地区。专线物流介于商业快递和邮政物流之间，价格中等，时效中等。

专线物流最大的劣势在于服务范围有限，只有往来货物量足够多时，这种物流模式才经济可行。

3）商业快递

商业快递一般指 DHL、UPS、FedEx、TNT 四家国际商业快递公司提供的国际商业快递服务。

商业快递的主要优势在于自身配送网络健全，配送时效有保障，包裹妥投率高、丢件率低，跟踪信息准确，服务水平高。其主要劣势在于物流成本高，且不能运送特殊商品。如果涉及出口清关，则需要卖家在国外有"进口商"资质。

商业快递的服务模式是门到门，更适合 B2C 跨境电商卖家销售的价格高、利润高、体积小、对时效要求高的商品。

2. 海外仓

在海外仓模式下，跨境电商卖家先将出口商品运输至目的地国家或地区的仓库，如果当地发生相关商品订单，就进行仓内打包、通过当地物流服务商由海外仓发货给买家。这种物流模式包含头程运输、仓储管理和本地配送三个环节。

海外仓不仅可以为跨境电商卖家提供仓储服务，还可用于品牌推广，提供多元化服务。这种模式实现了本地化经营，提升了买家的购物体验，也降低了因退换货、售后维修等带来的成本损失。

3. 跨境直发与海外仓的优劣对比

（1）跨境直发模式：优势在于卖家无须提前垫资备货和进行库存管理，运营压力相对较小，且销售品类可以更加丰富；劣势在于在特殊情况下难以保证时效，运输方面存在困难，时效低于海外仓模式。

（2）海外仓模式：优势在于商品储备提升了运输时效，同时提升了买家的退换货等购物体验和回购意愿，且发货稳定，运输优势明显，不受跨境运力波动影响；劣势在于库存占用资金，要求跨境电商卖家具备库存管理和市场判断的能力，以免商品滞销。

如表 4-2 所示，长期来看，跨境直发模式和海外仓模式互为补充，共同助力中国跨境电商出口业务的发展。相关数据显示，截至 2021 年 1 月，跨境电商海外仓超过 1800 个，同比增长 80%。

表 4-2　各种物流模式对比

物流模式	成本	时效性	丢件率
邮政物流	低	低	中
专线物流	中	中	低
商业快递	高	高	低
平台海外仓	中高	高	低
卖家自建海外仓	高	高	低
第三方海外仓	低	高	低

本章习题

一、选择题

1. 单选题

（1）市场采购报关模式的海关代码是（　　）。

A. 0110　　　　　　　　　　　　　　B. 1039

C. 9710　　　　　　　　　　　　　　D. 9810

（2）0110 海关代码是指哪种报关模式？（　　）

A. 市场采购　　　　　　　　　　　　B. 一般贸易

C. 跨境电商 B2C　　　　　　　　　　D. 跨境电商 B2B

（3）跨境电商 B2B 模式的海关代码是（　　）。

A. 1039　　　　　　　　　　　　　　B. 9710

C. 9810　　　　　　　　　　　　　　D. 0110

2．多选题

（1）跨境电商物流的运作环节包括（　　　）。

A．国内仓　　　　　　　　　　　B．国内到国外段干线运输

C．国内和国外段的关务　　　　　D．目的地的配送

（2）市场采购贸易模式的优势是（　　　）。

A．免征增值税　　　　　　　　　B．实现税务合规

C．收汇灵活　　　　　　　　　　D．通关便利

二、填空题

1．跨境电商物流国内仓的操作流程主要包括_____、_____、_____、_____。

2．跨境电商物流国外分拨环节包括_____、_____、_____。

3．跨境电商物流国内到国外段的运输方式包括_____、_____、_____、_____、_____。

三、问答题

1．在跨境电商物流中，海关清关是一个重要环节，涉及哪些程序？

2．跨境电商物流的运输成本主要包括哪些方面？如何降低运输成本？

3．跨境电商物流企业需要如何适应不同国家和地区的法规和要求？如何应对可能的变化和挑战？

第5章

跨境电商物流
的实操

5.1 跨境电商 B2C 平台——亚马逊后台操作和物流介绍

5.1.1 基本情况介绍

亚马逊是目前美国的一家电子商务公司，拥有全球商品种类非常多的跨境电子商务零售平台，分布在北美、欧洲、亚洲、中东等地区，包括美国、加拿大、巴西、墨西哥、英国、德国、法国、西班牙、意大利、荷兰、瑞典、捷克、奥地利、波兰、日本、印度、新加坡、阿联酋、沙特阿拉伯、土耳其，并一直保持持续扩张态势。大多数中国卖家目前首选的开店平台依然是亚马逊。

目前，亚马逊在欧美市场占主导地位，会员人数众多。平台的大多数消费者是发达国家的中产阶级和高质量的消费者。因此，亚马逊平台的客单价高，利润率相比其他新兴平台更有保障。亚马逊每年为优化客户体验持续投入配套体系，包括 FBA 的投入，卖家服务系统，以及收款工具、增值税（VAT）、保险服务等服务对接，这为卖家的运营提供了很大的支持和帮助。亚马逊平台政策成熟稳定，且对新卖家和新产品有扶植政策。只要卖家遵守平台的规则，专注于产品运营，就能持续稳定地在平台上开展业务。对卖家而言，亚马逊的入门和操作都相对友好，因此越来越多的卖家开始在亚马逊开店，这就大幅提高了亚马逊的产品丰富度，也提高了亚马逊的竞争门槛和竞争力。图 5-1 所示为亚马逊首页。

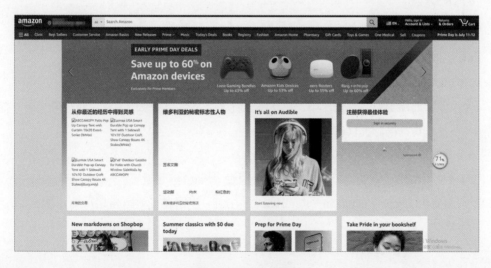

图 5-1 亚马逊首页

5.1.2 选品和发货方式

1. 选品思路

（1）了解自身优势：是工厂型卖家（垂直化选品）还是贸易型卖家（泛类目选品）？

（2）初步确定类目方向：先确定想做的产品的大类，再从细分分类角度进行分析。

（3）类目市场分析：分析市场容量、市场竞争、利润情况、入场门槛、热度趋势等。

（4）产品调研：热销产品数据收集与分析。

数据收集大致有如下四个渠道。

- 亚马逊站内榜单：销售榜、新品榜、飙升榜、收藏榜、礼品榜。如果在某个时间段内某产品同时出现在这五个榜单里，建议特别关注，这样就很有可能抓住了一个爆款。
- 站外平台：其他同类 C 端平台、B2B 平台。
- 新品创意：众筹网站、淘宝、抖音、线下展会等。
- 竞争对手的店铺、行业垂直网站。

（5）确定产品画像：产品属性，主流价位段与利润，可改进或进行差异化开发的方向。

（6）产品可行性分析、试销测款：产品切入市场可行性分析、测款试销、总结报告。

2. FBA

1）FBA 是什么

FBA 即由亚马逊官方提供的代发货服务。

2）FBA 操作流程

卖家发运商品到亚马逊仓库中，亚马逊接收入仓。当有买家下单时，亚马逊仓库分拣、包装并快捷配送，同时提供相关服务。

3）如何申请 FBA

卖家使用账号登录亚马逊后台，在后台通过"Settings（设置）—Account info（账户信息）—Fulfillment by Amazon—Registered（注册）"的路径进入申请页面。图 5-2 所示为 FBA 申请页面截图。

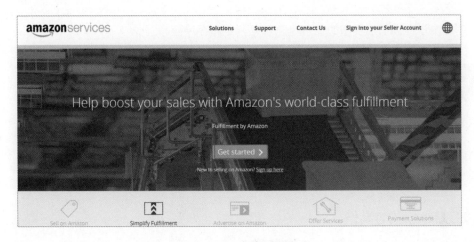

图 5-2　FBA 申请页面截图

3. 自发货

1）自发货定义

自发货（Fulfilled by Merchant，FBM）是指货物被售出后由卖家负责发货到买家。

2）自发货流程

亚马逊后台操作订单—打包发货—投递包裹—买家收货。

3）自发货方式

（1）邮政物流，邮政包裹的网络渠道遍布全球，比其他物流方式覆盖面更广。亚马逊中小卖家一般使用邮政物流，包括平邮、挂号小包、e 邮宝等。这种方式虽然价格低，但费时较长。

（2）专线物流，一般是指集中大批量货物发往目的地，通过规模效应降低成本，主要是针对某个国家或地区的快递公司的自主渠道，如美国、俄罗斯等。这是为物流服务商专门搭建的物流配送线路，其价格虽然比国际小包高，但是速度要快一些。

（3）商业快递，主要指 DHL、TNT、FedEx 和 UPS 四大快递公司等，其中四大快递公司的速度和服务无可挑剔，但它们的价格偏高，一般的商家很难承受。它们通过自建全球网络，提供世界各地的本地化物流服务，可以把货品运送到全球大多数的国家和地区，并且保证货品的物流追踪信息在官网实时可查。

（4）海外仓，其实 FBA 也属于海外仓。海外仓的配送速度快，价格比邮政物流高，但是低于专线物流和商业快递。如果选择这种方式，卖家就需要提前将产品运输到亚马逊海外仓库中，这样会增加卖家的销售风险，尤其是库存风险。

5.1.3 上传商品

1．上架前准备

对于所销售的商品，亚马逊平台需要区分它们是有品牌的还是无品牌的，如果是有品牌的，则需要进行品牌注册与备案或白名单的设置工作。此项工作可在上架页面完成。

2．Listing 内容制作

Listing（商品链接）就是指所销售商品的完整链接，包含 Title（标题）、Bullet Points（卖点）、Description（详细说明）、Search Term（后台关键词）、Pictures（图片）这几项主要内容。在商品上架之前，卖家应该先把这些内容准备好，然后进入下一步。

3．如何上架商品

进入卖家后台，先点击"库存"，选择"添加新商品"，再点击"我要添加未在亚马逊上销售的新商品"，如图 5-3 所示。

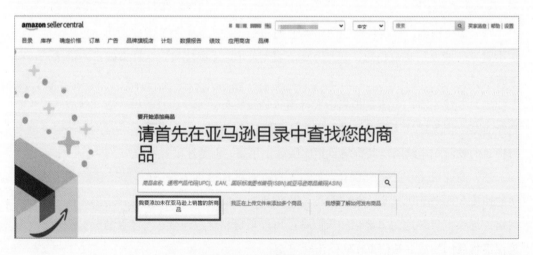

图 5-3　上架商品页面

进入"选择商品类别"页面，如图 5-4 所示。如果不确定商品类别，则可以使用商品类别的搜索功能,如图 5-5 所示,输入品类关键字后进行搜索,找到品类后按照正确的品类添加新商品即可。

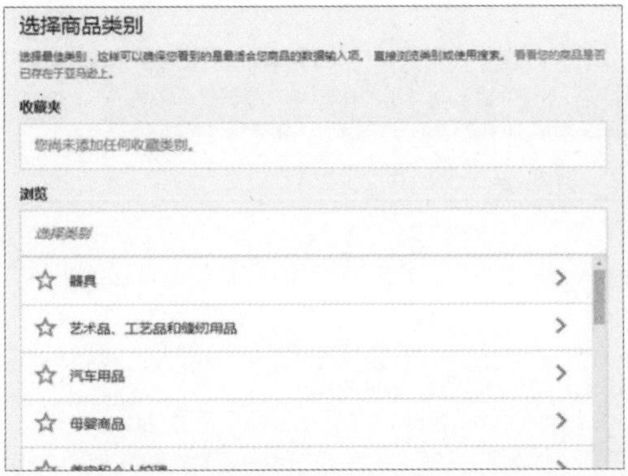

图 5-4 "选择商品类别"页面    图 5-5 商品类别搜索页面

确定好商品类别后,关闭商品类别搜索页面,进入商品编辑页面,如图 5-6 所示;填写好各项内容后,页面下方的"保存并完成"变为橘黄色,点击它即可保存编辑好的商品信息。

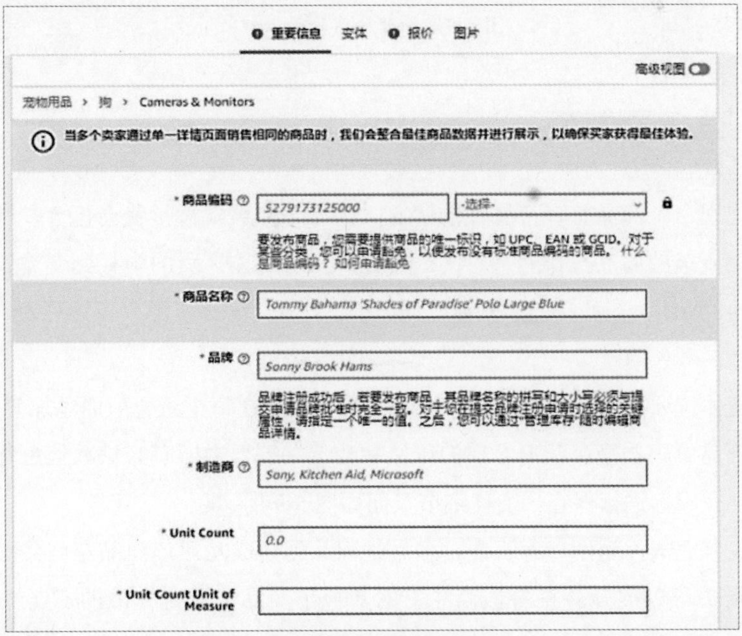

图 5-6 商品编辑页面

保存成功后页面会显示已经更新完毕的信息，但在 15 分钟左右后卖家才能在管理库存页面中查看已经更新的信息，其入口如图 5-7 所示。

图 5-7　管理库存页面入口

5.1.4　刊登多属性商品

有时会出现一个商品有多个属性的情况，比如一件男式衬衫就会包含多种颜色和尺码等。这种较为复杂的商品操作略有不同。首先，在"变体"页面中找到变体属性下的变体主题，如图 5-8 所示，在商品的"变体"页面下，打开"变体主题"下拉列表，选择变体选项，如"尺寸，颜色"。

选择好变体选项后会出现多个尺寸、颜色组合，应在每个组合后面添加"卖家 SKU、商品编码、商品编码类型、状况、您的价格和数量"等。当所有必填项信息都填写完成后点击"保存并完成"进行保存。变体细节页面如图 5-9 所示。

至此，设置完成，返回库存页面，多属性商品创建成功后该商品左侧会出现一个箭头标识，点击箭头可以展开并查看该商品下的其他子商品。设置完成的多属性商品页面如图 5-10 所示。

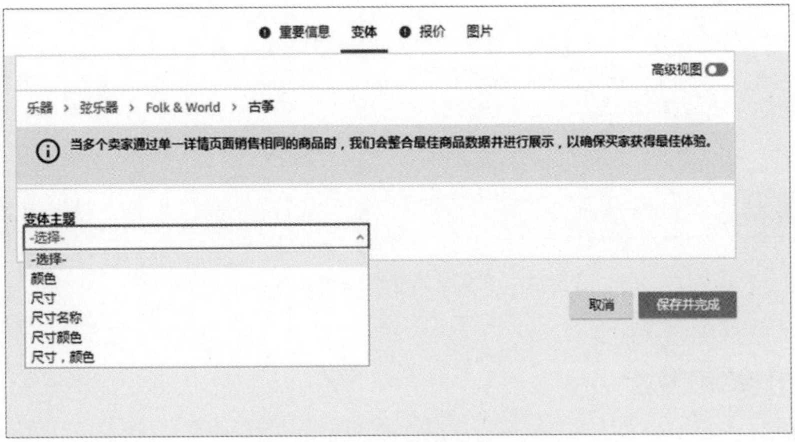

图 5-8　变体属性下的变体主题

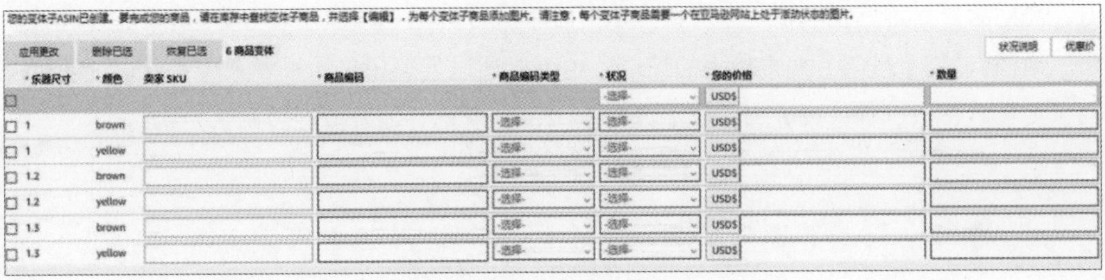

图 5-9　变体细节页面

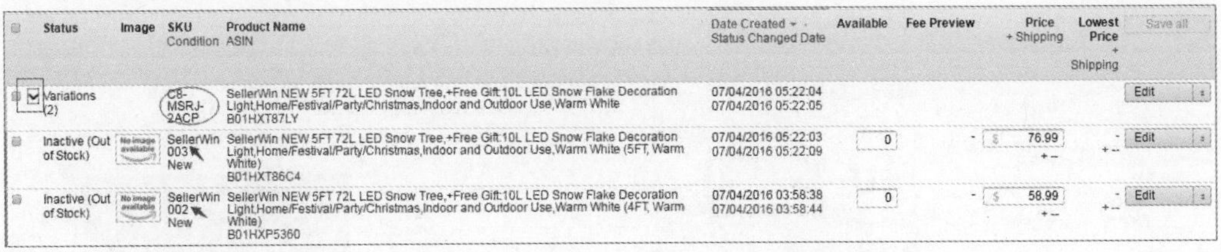

图 5-10　设置完成的多属性商品页面

　　多属性商品创建好以后，先点击父商品前面的箭头符号展开子商品列表，再点击子商品的"Edit（编辑）"，选择"Manage Images（管理图片）"，即可将所有子商品的主图添加上去。图 5-11 所示为多属性商品添加图片入口页面。这就完成了多属性商品的全部设置。

图 5-11　多属性商品添加图片入口页面

5.1.5　出单和发货

1. 出单

在卖家后台，选择"订单"选项可以对订单进行管理（见图 5-12）：可以通过筛选条件（下单时间、订单号等）搜索相关的订单，也可以通过下载相应的报表来查看订单，还可以通过模板对订单进行批量处理，比如批量取消、批量部分退款或批量确认发货。

图 5-12　卖家后台

2. FBA 发货

（1）进入卖家后台，勾选要发货的商品，将原自配送的商品转换为亚马逊配送：点击

"编辑" —— "转换为'亚马逊配送'", 如图 5-13 所示。

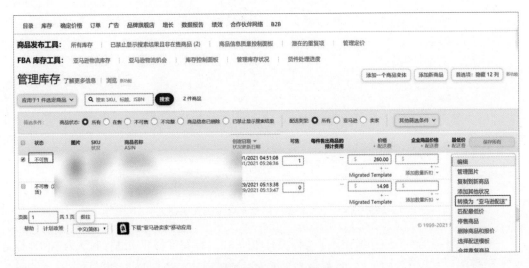

图 5-13　选择亚马逊配送

（2）进入图 5-14 所示页面, 填写发货地址、SKU 详情、包装详情等内容。图 5-15 所示为"包装详情"需要填写的具体内容。

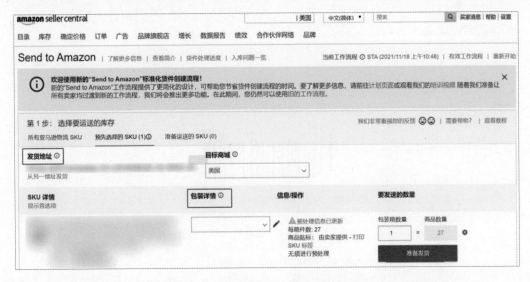

图 5-14　填写发货地址、包装详情等内容

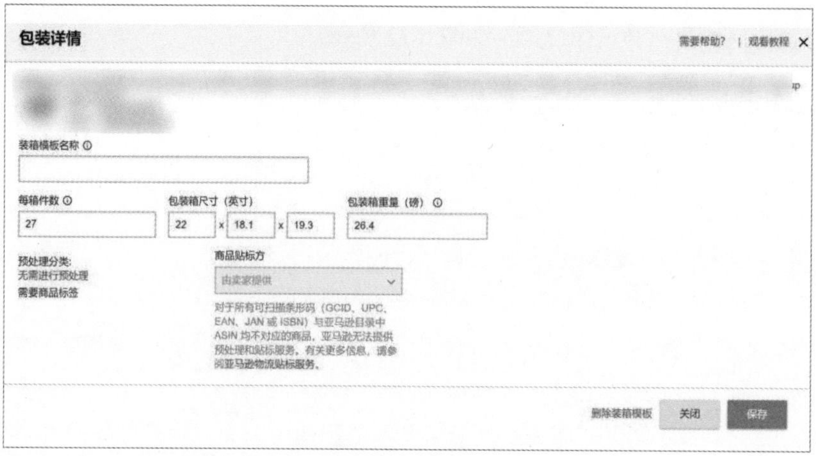

图 5-15 "包装详情"需要填写的具体内容

填写完包装详情后进行保存。填写需要打印的 SKU 标签（行业内通行叫法为 ASIN 标签）的数量，点击"打印"，如图 5-16 所示，在该页面中输入信息即可生成 ASIN（亚马逊标准识别号）标签。图 5-17 所示为一个打印完成的 ASIN 标签。

图 5-16 "打印 SKU 标签"页面

图 5-17 一个打印完成的 ASIN 标签

（3）在完成上述操作后，点击"准备发货"，如图 5-18 所示。

（4）查看费用，并评估是否合理，如果合理，则点击"接受费用并确认发货"，如图 5-19 所示。

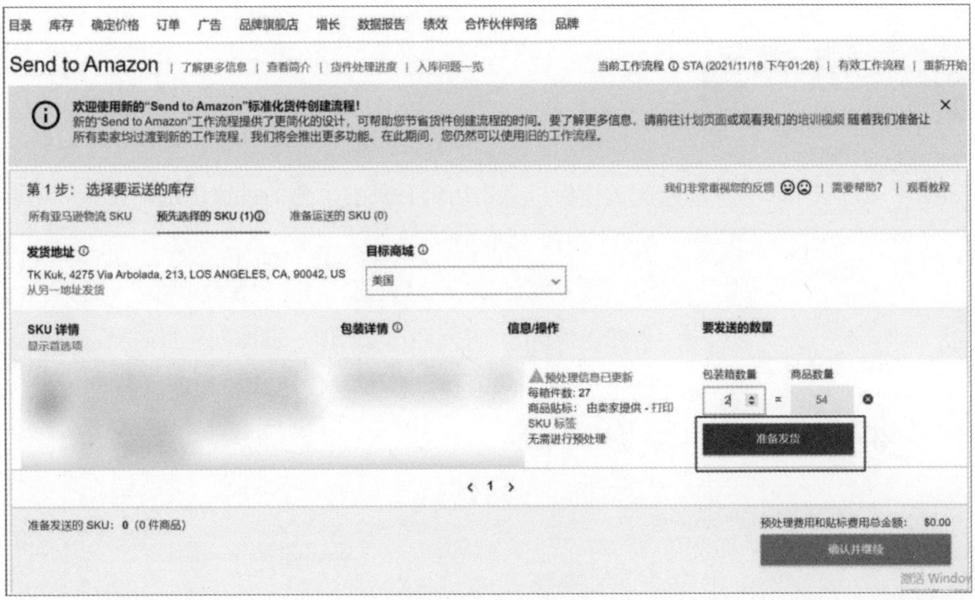

图 5-18 准备发货

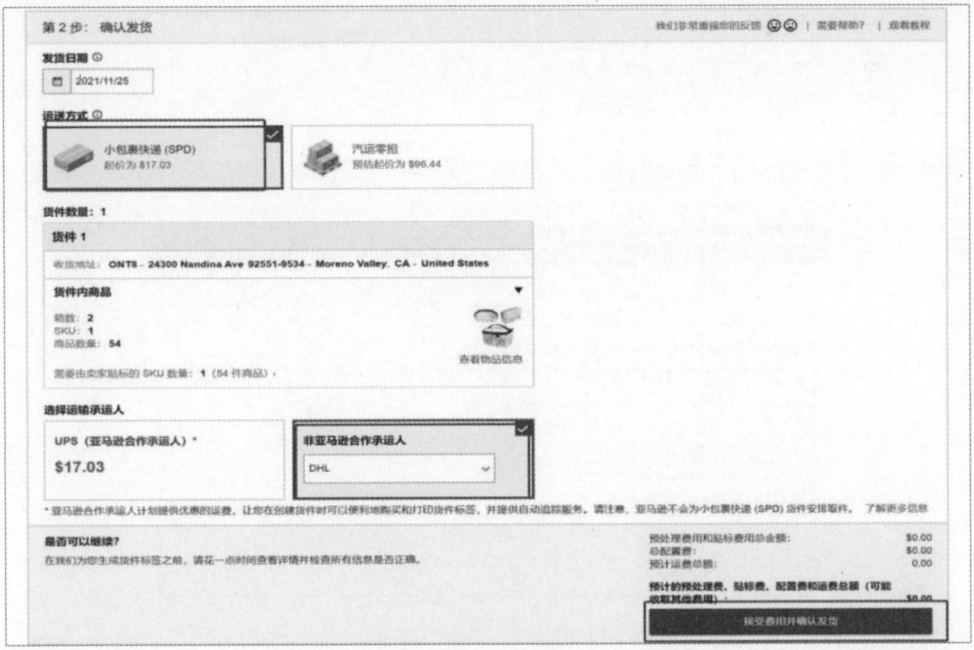

图 5-19 确认发货

图 5-20 配送设置

3. 自发货

1）创建配送模板

在正式添加 FBM 之前，要根据后面的操作需要创建一个配送模板：点击店铺首页右上角的设置按钮，选择"配送设置"，如图 5-20 所示。

进入图 5-21 所示页面，点击"配送模板"，选择"创建新配送模板"，进入图 5-22 所示页面创建新的配送模板，先在下一级页面选择"根据发货地址和配送服务设置配送地区"，再在图 5-23 所示的页面选择物流方式。

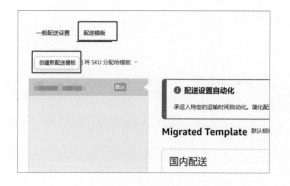

图 5-21 配送模板

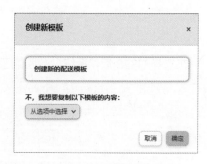

图 5-22 创建新的配送模板

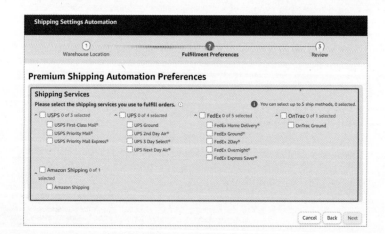

图 5-23 选择物流方式

至于选择哪种物流方式，卖家需要和海外仓方面沟通后确定。这里我们以价格相对较低的 USPS 为例进行说明，如图 5-24 所示。

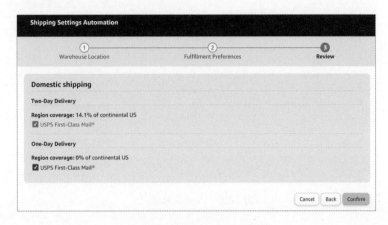

图 5-24　USPS 配送方式选择

在选择 USPS 后，系统自动匹配了三种运送时长，前两种是默认的（包括标准配送和隔日达），第三种是当日送达。下面主要介绍前两种。

（1）标准配送：具体时间要和海外仓方面确认实际运输时间是几天，建议选择比较长的 4~8 天，在配送费用部分，可以选择"0"，将这部分费用添加到商品中。

（2）隔日达：为了满足一些对配送时长有要求的买家，卖家可以添加一个时间更短的配送服务。

选好后点击"Confirm（确认）"，这样就选择好了 USPS 的配送方式。

2）创建 FBM

首先，找到需要添加 FBM 配送方式的商品，然后点击这条 Listing 右侧"编辑"下拉列表中的"添加其他状况"，如图 5-25 所示。

进入如图 5-26 所示的页面，这里需要填写以下几项内容。

（1）卖家 SKU：可以根据原 FBA 的格式编写，比如原 SKU 为 FBA-TEST1，那么这里可编写为 FBM-TEST1，方便对比和管理。

（2）配送模板：选择刚才创立的模板。

（3）您的价格：如果之前在创建模板时配送费用选择了"0"，那么这里一般要在原售价的基础上增加 10 美元。

到这里，我们就完成了 FBM 的创立，可以在后台中看到同一个 ASIN 标签下的两种配送方式（FBM 和 FBA）已经创建完成。

图 5-25 添加其他状况

图 5-26 创建 FBM

5.1.6 订单配送与订单完成和评价

1. 订单配送

出单后，卖家可以到"管理订单"页面中查看订单的状态，如图 5-27 所示，订单状态包括付款完成、等待中等。此外，在该页面中还可以看到不同订单状态下的商品详情。

图 5-27 "管理订单"页面

2. 订单完成和评价

在绩效页面左侧选项栏找到"反馈"，点击它即可看到买家的反馈评分及评论内容，如图 5-28 所示。

图 5-28 绩效反馈

如果收到差评，那么卖家要根据差评内容反思自己商品的问题，并不断地对商品进行优化升级；也可以与买家进行沟通，协助买家完成退货退款或更换商品，从而妥善处理买家的诉求，让买家享受到卖家真诚且耐心的服务。卖家这样做或许会让买家选择删除差评，但是一定要注意，必须按照亚马逊的规则来处理这一类的问题，务必做到合理合规。

5.1.7 亚马逊常见问题说明

1. 亚马逊对账号绩效的核心关注点

（1）A-Z Guarantee Claims（A-Z 担保索赔）：亚马逊商城交易保障索赔率是在相关时间段内收到亚马逊商城交易保障索赔订单数量与订单总数的比值。它是订单缺陷率指标的三大组成要素之一。在计算亚马逊商城交易保障索赔率时，应考虑买家提出的处于任何状态的所有索赔。

（2）Chargeback Claims（退款申请）：在亚马逊，买家对某笔向其银行信用卡扣款的购买订单提出异议的情况被称作信用卡拒付请求。

（3）Negative Feedback（差评）：对卖家店铺服务的不良评价。

2. 侵权问题

侵权问题也是需要重点关注的问题，亚马逊对待这个问题越来越严格。侵权问题主要表现在以下几个方面。

（1）商标侵权：把别人的商标写到文案里了，或者直接使用了别人的商标。

（2）专利侵权：主要是外观专利和发明专利的侵权。

（3）图片：主要是外观专利产品图片一致的侵权，以及发明专利产品图片一致的侵权。

（4）描述：直接抄袭别人的描述。

上述侵权行为造成的常见后果为被亚马逊下架链接，严重的会被封店甚至收到律师函。所以，请一定不要侵权。

3. 账号二审

账号二审在内部全称是 Bad Actor Prevention（BAP），是在一审的基础上针对一些关联存疑、资料存疑、合规性存疑的账号，进行进一步的审核验证。注册时使用虚拟服务器

（VPS）会极大地增加二审的概率，在运营过程中更改信用卡、存款方式、公司或法人信息也容易触发二审。

一旦被二审，账号马上就会受限，比如无法销售，只有通过二审后账号才能恢复销售权。二审所需资料包括营业执照、身份证、纸质版或电子版地址账单，有时候还需要采购发票。亚马逊可接受的电子版地址账单主要包含注册地址或后台办公地址的水电费账单、煤气账单。

4．对账

关于亚马逊业务财务成本的结构，卖家可以参考图 5-29 所示的项目利润表。对账是做亚马逊业务过程中的一个重要步骤，切不可轻视。

项目利润表				
日期：2023 年 12 月	项目			
条目	行次	总额	说明	备注
销售收入	1		"Order" 项下的 "Product sales 汇总"	
Amazon 赔偿收入	2		"Adjustment" 项下的 "赔偿金额汇总"（包含取消赔偿）	
退货佣金退还	3		"Refund" 项下的 "Selling fees 汇总"	
收入合计	4			
产品 DDP 成本	5		包含产品工厂交货价格、出口港到仓库费用、关税	
退款	6		"Refund" 项下的 "Product sales 汇总"	
退货处理费	7		"FBA Customer Return Fee" 项下的 "FBA Fees 汇总"	
销毁费	8		"FBA Inventory Fee" 项下的 "FBA Removal Order Disposal Fee"	
平台费	9		"Order" 项下的 "Selling fees 汇总"	1. 服装、鞋靴收取退货处理费
订单处理费	10		"Order" 项下的 "FBA Fees，排除 Shipping credits 和 Gift wrap credits"	2. 亚马逊对账使用 "FBA Inventory Fee" 项下的 "FBA
FBA 仓储费	11		后台 Monthly storage fees 分解到 SKU	Inventory Storage Fee"
海外仓	12		海外仓仓储费+处理费+配送费	
折扣金额	13		"Order" 及 "Refund" 项下的 "折扣金额汇总"	
服务费	14		包含月费、合仓费、优惠券手续费、LD 活动费等	
营销费	15		"Bulk operation" 项下的 "广告费合计"	
其他推广费用	16		按实际情况添加	
其他费用	17		管理成本+财务成本+杂费	
人工成本	18		按实际成本添加	
支出合计	19			
项目利润	20		收入合计-支出合计	
项目利润率	21		项目利润÷收入合计	

图 5-29　亚马逊项目利润表（范例）

亚马逊目前依然是全球流量最大和商品交易总额最高的电商平台，也是很多卖家首选的跨境电商平台。虽然该平台操作比较复杂，上手难度也比较高，但由于其比较稳定，因此依然是众多卖家非常依赖的平台。卖家如果能够熟练操作亚马逊平台，那么使用其他平台也就简单多了。

5.2 跨境电商 B2C 平台——沃尔玛后台操作和物流介绍

5.2.1 基本情况介绍

近年来，沃尔玛电商平台凭借沃尔玛强大的线下品牌优势，在跨境电商市场中获得了较快的发展，成为一个新兴的跨境电商平台，吸引了大量跨境电商卖家，尤其是吸引了原亚马逊电商卖家加入。2021 年 3 月 8 日，沃尔玛电商平台美国站正式为中国跨境电商卖家开通了官方招商通道（在此之前，注册沃尔玛电商平台仅能通过美国公司身份），这一举措大大方便了中国跨境电商卖家。这一群对市场和跨境极有经验的卖家的加入，迅速地增加了沃尔玛电商平台的商品丰富度，进而提高了买家的转化率，形成了一个良性的飞轮。沃尔玛发布的 2021 财年第四季度的财报显示，其第四季度营收为 1521 亿美元，美国地区同店铺销售额增长 8.6%，而其电商销售额增长 69%，大大高于其线下的增幅。由此可见，沃尔玛也成为一个不可忽视的跨境电商平台。图 5-30 所示为沃尔玛电商平台的首页。

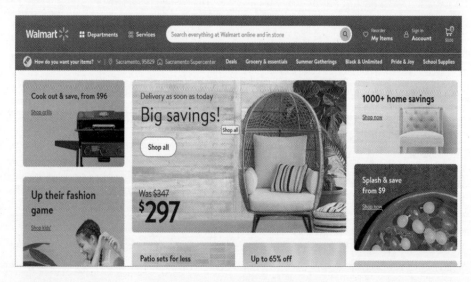

图 5-30　沃尔玛电商平台的首页

5.2.2 操作说明

1. 申请账号

在沃尔玛电商平台接受中国卖家的申请后，中国卖家便可以通过相关链接申请开店。中国卖家在提交资料后会收到官方通知，被告知是否开通了账号。

目前，中国卖家开设店铺所需要的条件如下：

- 所销售的产品类目为电子、服装、家居、运动等品类；
- 需要有美国的税号，或者是其他平台上的成熟卖家；
- 最好在美国有海外仓，可以为买家提供较好的售后体验；
- 商品具备高性价比，能够吸引买家。

在沃尔玛电商平台开设店铺需要准备下列资料：

- 公司营业执照（营业执照要求有效且经营无异常，要在空白处加盖公章）；
- 法人身份证的正反面复印件（加盖公章）；
- 授权委托书（官方招商经理邮件提供的模板）；
- 真实有效的手机号码；
- 提供注册邮箱，个人邮箱和公司邮箱都可以；
- Payoneer（派安盈）收款账户（P 卡需要在公司名下）；
- 海外仓地址；
- 其他跨境电商平台店铺资料截图。

卖家在准备好上述资料之后就可以去申请账号了。

卖家要提交入驻申请，可以通过官方服务号来操作，也可以通过其他活动报名参与。通过官方服务号的具体路径："沃尔玛全球电商"官方公众号—"沃要入驻"，或者"沃尔玛全球电商"官方小程序—"入驻"—"申请入驻"。卖家也可以通过一些活动通道，如线上直播、线下招商会及专题沙龙等活动（卖家可以通过当地的跨境电商相关服务商或者协会获得这一类的资讯）申请入驻。此外，针对部分有货源供应链和品牌实力强的卖家，招商团队会以邮件邀约的形式邀请卖家入驻沃尔玛。

卖家在以上渠道提交完入驻申请后，如果获得批准，就会收到沃尔玛电商平台发送的在线注册邮件。卖家应及时点击邮件中的"Get Started（开始开店）"，并根据要求完成所有在线注册的步骤及资料的上传。在账户创建成功后，卖家将收到后缀为@walmart.com 的邮箱发来的提示邮件——邮件标题为"Congratulation，×××　your　Walmart　Marketplace account has been created（恭喜，×××你的沃尔玛账户已经创建）"。卖家点击邮件下方的"Verify your business（验证你的业务）"开始店铺激活流程——通过完成五个步骤直接激活店铺。五个步骤：资质验证（Business　Verification）、物流设置（Shipping）、收款绑定（Payments）、创建产品、设置库存。这样，沃尔玛电商平台账户就注册完成了，卖家可以正式开始在平台上销售产品了。图 5-31 所示为开店成功通知邮件。

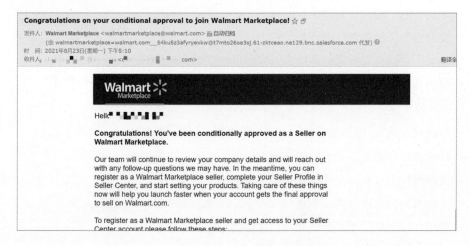

图 5-31　开店成功通知邮件

2．账户概览

在完成注册之后，卖家就可以开始销售产品了。在销售产品之前，卖家可以先进入卖家后台，看看各个功能模块的位置，以便更好地开展销售工作。图 5-32 所示为沃尔玛电商平台卖家后台。

沃尔玛电商平台卖家后台左侧为选项栏，右侧为商品栏。左侧大致可以分为以下四个功能区域。

- Product Catalog 是产品目录，包含产品项目面板、WFS 产品审核面板、产品表格更新状态查看面板——这个功能区域主要用于上传产品，优化产品页面。
- Order Management 是订单管理，可以链接订单查看页面、退货退款处理页面、客户纠纷面板等——这个功能区域主要用于出单以后查看各个数据和信息。
- Analytics 是数据分析，包含产品数据概览面板、产品各项数据表现面板、账户回款面板、表格下载等。这是非常重要的数据分析区域，后续的很多数据都要从这个区域获得。

- WFS 功能区域包含 WFS 库存管理、WFS 货件处理、WFS 相关报告、WFS 产品数据等。WFS 是 Walmart Fulfillment Services 的简称，是类似亚马逊 FBA 的仓储和配送服务。通过 WFS，卖家可以在美国本土提供类似亚马逊 Prime 的隔日达服务。隔日达还可以帮助卖家的产品获得更高的搜索排名和促使买家将产品加入购物车，这意味着卖家将获得更多的流量和订单。后文也会重点介绍 WFS。

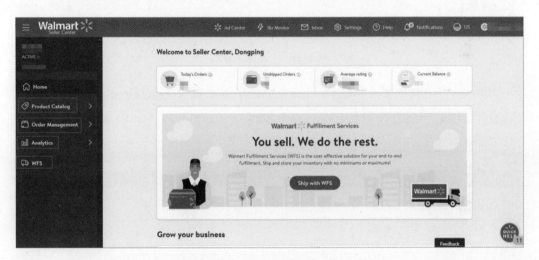

图 5-32 沃尔玛电商平台卖家后台

3．产品上架和更新

产品是跨境电商的核心要素，选择将有比较优势且具备差异化的产品上架，会使整个电商销售模式快速落地并实现快速增长。在完成了选品之后，卖家就需要做好产品上架的准备工作了。在产品上架前，卖家需要整理好产品的相关资料，如产品描述、产品卖点、产品文案等。不同平台对于这些资料的要求也不同。

1）上传单个产品

这里介绍一下单个产品上架的流程。进入卖家后台，选择"Items（产品）"，点击右上角的"Add Items（添加产品）"，会出现下拉列表 [Add single item（添加单品）、Add items in bulk（批量添加）和 Learn about API integration（了解 API 对接）]，选择"Add single item"，如

图 5-33 所示。

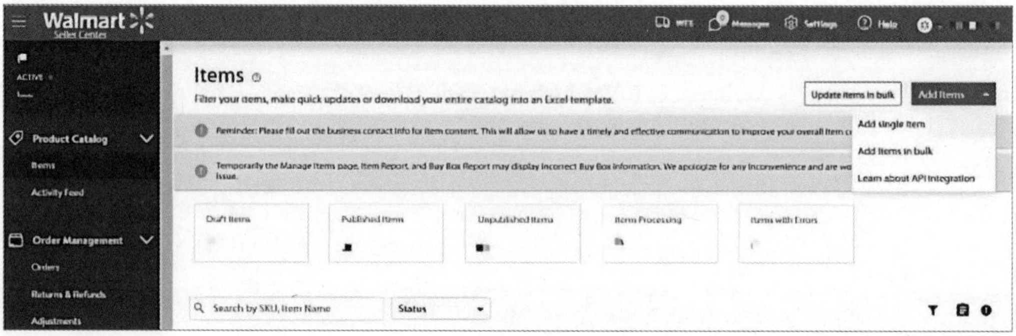

图 5-33　上传单个产品

卖家应填写相关信息，主要包括 Item Name（产品名称）、Item Identifler（产品编码）、Category（产品分类内容），以及 ITEM CONTENT（产品信息）、IMAGERY AND MEDIA（图片和视频）、OFFER（售价）三个模块，如图 5-34 所示。

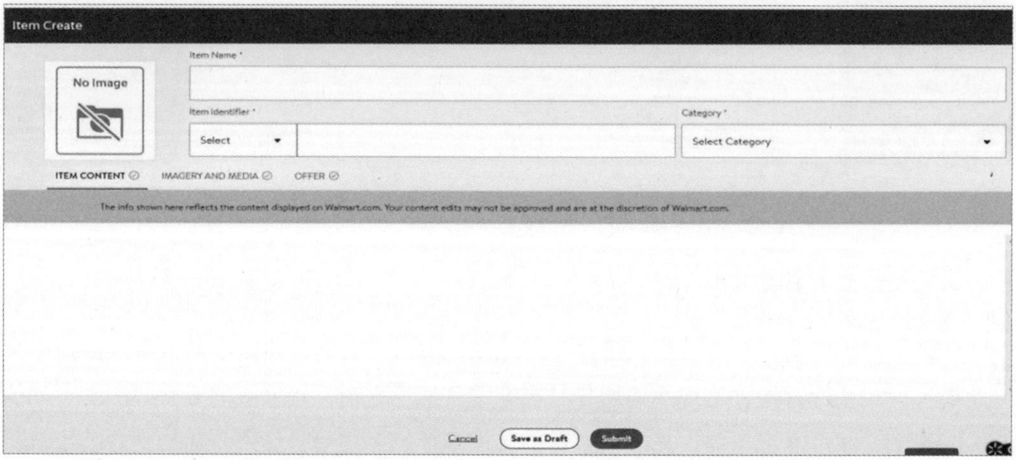

图 5-34　填写相关信息

下面介绍如何上传单个产品。

（1）按照页面的提示，依次填写好产品信息，如图 5-35 所示。建议填写所有可填写内容，以提高产品的可搜索性和权重。对于不确定的填写内容，可以将光标停在 ⊙ 图标上，平台会自动弹出所应该填写内容的要求，并可查看属性的定义，如图 5-36 所示。

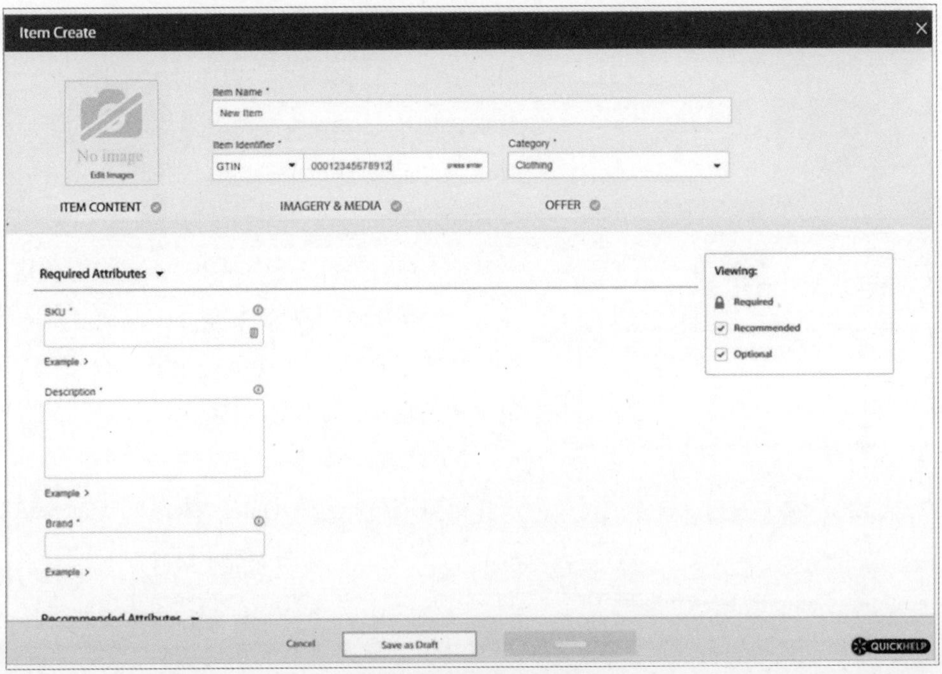

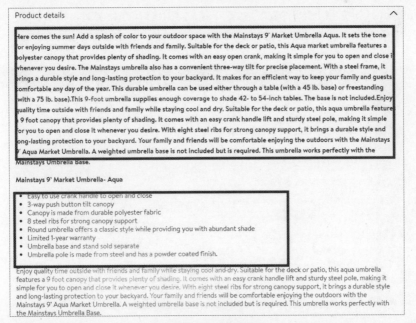

图 5-35　填写产品信息

图 5-36　细节描述

图 5-37　填写售价信息

（2）填写完成后，点击"IMAGERY AND MEDIA"，添加图片——有通过本地上传和通过图片链接地址上传两种方式。上传的第一张图片会被默认为产品主图，如需修改，选择意向图片，点击"Select as Primary（作为主图）"即可。

（3）填写售价信息。这里主要是填写价格、重量、款号等数据，这些数据对于产品而言是非常重要的。除了有*标的部分为必须填写的，用框标出的也需要填写，如图 5-37 所示。

2）批量上传产品

批量上传产品有 Quick Setup by Match 和 Full Setup 两种方式，如图 5-38 所示。

- Quick Setup by Match 即所谓的一键匹配设置：如果要将产品与沃尔玛电商平台上的现有产品内容进行匹配，就可以选择此方式。这种方式操作比较简单：先直接下载模板，填写好相关信息，然后上传即可。

- Full Setup 即完整上传新的产品：在下拉列表中选择产品类目，点击"Download（下载）"下载模板（见图 5-39），填写产品信息后上传。

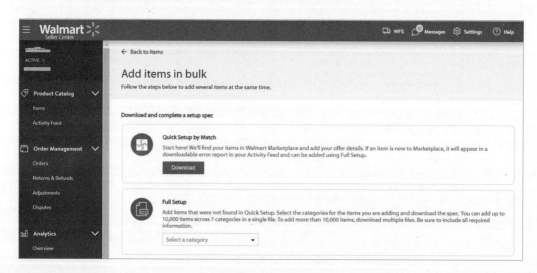

图 5-38　批量上传产品

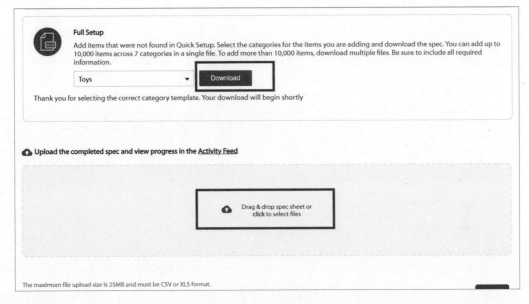

图 5-39　下载模板上传

填写下载的批量上传模板的注意事项如下。

- 必须启用宏。
- 输入价格时不能加$符号。
- 填写重量也只能写数字。
- 日期格式为：YYYY-MM-DD（如 2023-12-15）。
- "Lag Time（发货时间）"为非必填项，但一定要注意填写 1 天或 2 天（默认最长为 2 天），避免发货超期。
- 图片 URL 地址可以先空着，之后手动添加本地图片。
- 当表格中某些属性信息的空格不够使用时，可以在表格中插入一列，注意复制前一列的格式。

当产品信息的文件提交后，卖家可以在"Feed Status（文件状态）"页面跟踪文件的状态，如图 5-40 所示。进入该页面的操作方法为：在左侧选项栏"Product Catalog（产品分类）"下，选择"Activity Feed（激活文件）"。

Feed Status ❓

ITEM FEED INVENTORY FEED PRICE FEED PROMO FEED

You can view your Item Feed statuses below. If any of your feeds have errors listed in the Error column, fix the error and reupload your feed.

Feed ID	Date	Status	Submitted	Processed	Pending	Errors	Error File
DD2E506F307240E39181F0987A63A...	3/22/17	Processed	7	1	0	6	Download Errors
E1A49CCC690B40B2A79A057120DA1...	3/22/17	Processed	9	0	0	9	Download Errors
9B067B8F3DA94976A3364FF8315186...	3/20/17	Processed	7	2	0	5	Download Errors
F4236FCD5C84662821DBBE202314...	3/20/17	Processed	9	0	0	9	Download Errors
C143C210E5224D7C8A73928CB99EA...	3/20/17	Processed	7	2	0	5	Download Errors

图 5-40 查看状态

3）更新库存

在填写完以上内容后，只剩下最后一个步骤，即更新库存。更新库存后，产品就可以在前台展示了。进行库存更新时，卖家可以选择手动单个更新：进入 Items 页面，选择需要更新库存的 SKU，首先点击"Edit（编辑）"修改数量，然后点击"Submit（提交）"。卖家也可以选择批量更新，即通过表格来更新：进入 Items 页面，先选择"Update items in bulk（批量更新产品）—By Template (price,inventory,etc)［按模板（价格、库存等）］"下载模板，填写新的库存数量，并上传更新后的模板数据，再选择"Bulk Inventory Update（批量库存更新）"，接着选择库存仓库地址，最后点击"Submit"。针对多个产品，这样做的效率更高。

到这里，产品的上传就完成了。卖家可以在前台用自己设置的关键词搜索一下，如果能够发现刚刚上传的产品，就说明已经可以开始卖货了。

4. 平台的物流配送

前文提到，沃尔玛电商平台的发货体系有两种：一种是卖家自发货，即卖家通过自己的仓库，直接将产品配送到买家手中；另一种是通过申请开通 WFS，将产品配送到买家手中。两者相比，如果所销售的产品为中小件产品，那么后者更具确定性，且能够为产品带来额外的流量扶持和靠前的排名；如果所销售的产品为大件产品，那么卖家可以采用海外仓的方式。卖家所售产品更多的是中小件产品，所以这里会重点对 WFS 的设置进行讲解。

1）选择 WFS 发货模式

（1）申请开通 WFS。

对比亚马逊，卖家开通亚马逊账号后，默认直接开通 FBA，但沃尔玛不同，卖家开通沃尔玛账号后需要申请开通 WFS。WFS 的申请要求如下：

- 已完成店铺激活流程，并成功上传产品；
- 所销售的产品非易腐烂品、非管制产品；
- 产品必须符合 WFS 的尺寸和重量要求（超大件货物无法通过 WFS 配送）。

在成功激活店铺后，点击左边导航栏下方的"WFS"即可开始申请。

图 5-41 所示为 WFS 的申请流程页面，在该页面中卖家需要按照步骤填写 Contact（联络信息）、Returns（退货仓信息）、Billing（收款方式的设置）。根据提示填写完成后，三个模块都会显示绿色的"Success（设置成功）"，如图 5-42 所示。这就表明卖家获得了 WFS 的权限，之后所销售的产品就可以通过 WFS 进行配送了。

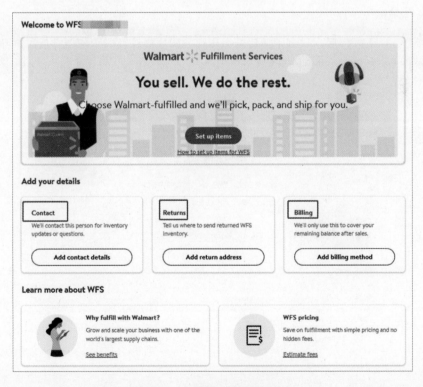

图 5-41　WFS 的申请流程页面

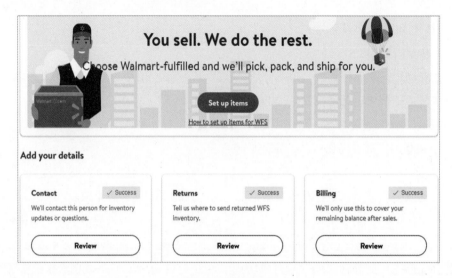

图 5-42　设置成功

（2）选择使用 WFS 发货。

关于使用 WFS 发货的步骤，这里展示一下卖家后台的相关操作。首先，选择发往 WFS 的产品，这一步和亚马逊的 FBA 操作类似，需要进入卖家后台的管理产品页面，如图 5-43 所示。

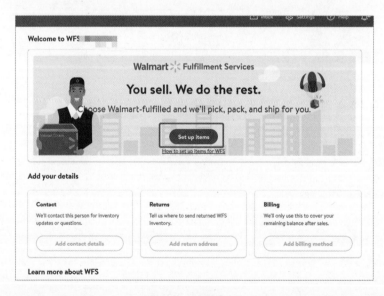

图 5-43　选择产品

然后，选择需要转换成 WFS 的产品，点击"Fulfill items with WFS（沃尔玛自发货）"，按照提示和要求填写相关信息，如图 5-44 所示。

图 5-44　填写信息

最后，返回卖家后台首页，在左侧选项栏中选择"Send Inventory（发货）"，创建货件并填写相关信息，添加相关产品，确认发货数量并打印标签。之后，把标签贴在纸箱上，按照地址将货物送往 WFS 仓库即可。WFS 仓库收到货后会扫描打印的标签，同时产品会显示货物数量增加。这样，通过 WFS 发货的产品就创建完成了。

2）卖家自发货

出单之后，卖家除了可以使用 WFS 发货，还可以使用自发货的方式把货物送到买家手中，具体的操作方法是，首先点击左侧选项栏中的"Orders（订单）"，进入"Order Management（订单管理）"页面，如图 5-45 所示。在这个页面中，卖家最需要关注的是"Orders Due Today（今日到期订单）"，如果这一类订单未能按时发货，势必会影响整个账号的绩效。

发货时，卖家需要确认订单：请点击一个订单的 Purchase Orders（订单编号），点击后就会看到订单的详情，包括售出的产品和买家的收货信息。

如图 5-46 所示，打开此页面中的"Status（状态）"的下拉列表，点击"Acknowledge（确认）"，表示卖家已经知道了这个订单的存在，并且正在进行发货；点击"Ship（发货）"，表示订单已准备好发货。"Carrier（承运商）""Tracking No.（单号）""Tracking Url（链接）"的信息也要依次填写，没有问题后点击页面底部的"Update（更新）"，表示订单已经发货。这样，订单发货就完成了。

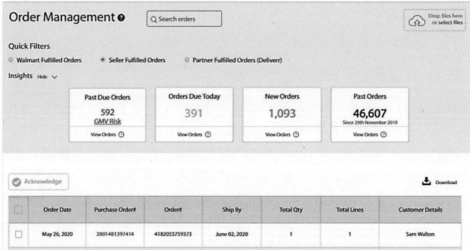

图 5-45　订单管理页面

图 5-46　填写发货信息

若无法发货，则在该下拉列表中选择取消理由，注意先点击"Acknowledge"，再点击"Cancel（取消）"，取消原因尽可能不要选"Out of Stock（缺货）"。

卖家点击"Download"下载订单，可以对订单进行批量处理：更新好发货信息后，再拖动表格到右上角位置即可。

5．账号绩效和销售报表

电商销售运营中最核心的就是对各种数据的掌握和分析，而沃尔玛电商平台的一大优势就是可以让卖家自行获取各种报表。卖家不仅可以看到销售类的数据（如购物车、退货率和商品库存）的动销情况，还可以看到与店铺绩效相关的数据和收款的情况（这些报表都可以从店铺后台获取）。

1）Items

卖家在该页面可以查看购物车报告、退货报告、产品报告和库存报告，如图 5-47 所示。

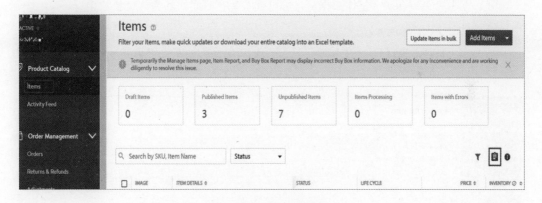

图 5-47　获得相关报告

- 购物车报告：可以查看产品被加入购物车情况和现有购物车卖家的情况。
- 退货报告：可以查看产品退货处理情况及退货原因。
- 产品报告：包含在后台上传的所有产品的基础信息，可以进行自更新操作。
- 库存报告：可以查看和更新库存信息。

2）Analytics（数据分析）

卖家可以查看整体销售数据和特定时间的销售数据，也可以查看店铺的相关绩效情况和内容。销售走势如图 5-48 所示。

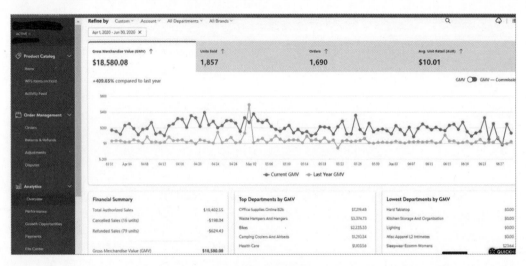

图 5-48　销售走势

（1）点击"Overview（整体数据）"，可以查看某个时间段的整体销售数据。

（2）点击"Performance（表现）"。

- 点击"ITEM SALES（产品销售）"，可以查看某时期的产品销量情况，如图 5-49 所示。

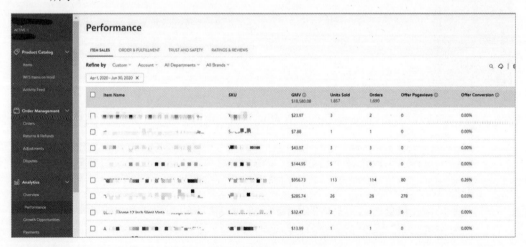

图 5-49　查看某时期的产品销量情况

- 点击"ORDER & FULFILLMENT（发货情况）"，可以查看店铺内物流情况，比如不同时效类型/承运商/地区情况，如图 5-50 所示。

图 5-50　店铺内物流情况

- 点击"TRUST AND SAFETY（店铺合规情况）"，可以查看店铺绩效和合规表现，如图 5-51 所示。

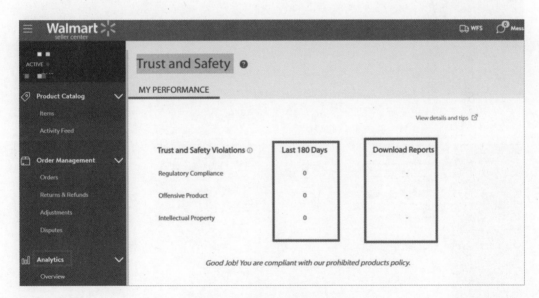

图 5-51　店铺绩效和合规表现

- 点击"RATINGS & REVIEWS（店铺评分）"，可以查看店铺评分情况，如图 5-52 所示。
（2）点击"Growth Opportunities（增长机会）"。

- 点击"LISTING QUALITY & REWARDS（产品质量分）"，可以查看产品质量分，分数越高，产品越优秀，如图 5-53 所示。

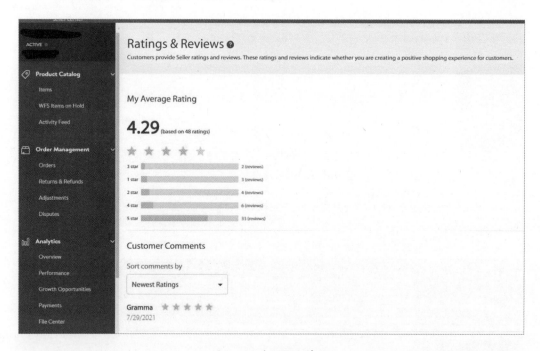

图 5-52　店铺评分情况

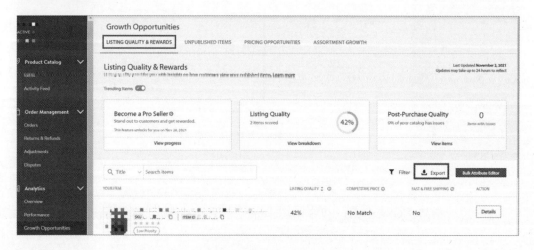

图 5-53　产品质量分

- 点击"UNPUBLISHED ITEMS（未成功发布产品）"，可以查看未成功发布的产品的情况，如图 5-54 所示。

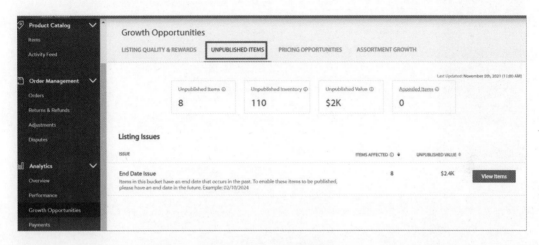

图 5-54　未成功发布的产品

- 点击"PRICING OPPORTUNITIES（价格调整建议）"，会显示产品与其他同款产品在购物车的表现情况，如图 5-55 所示。卖家可以根据自己的情况考虑是否调价。

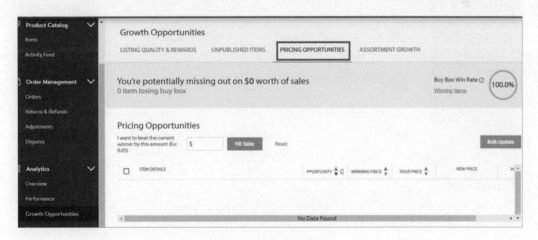

图 5-55　价格调整建议

- 点击"ASSORTMENT GROWTH（热销）"，可以查看平台推荐的热销产品，如图 5-56 所示。

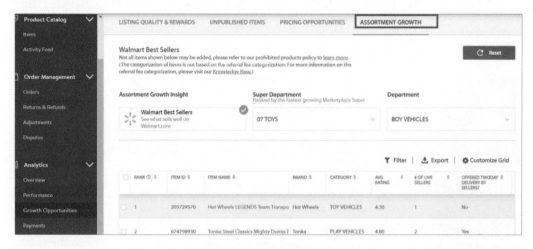

图 5-56　平台推荐的热销产品

（3）Payments（付款报告概览）：回款周期是 14 天，可以下拉选择每个付款周期的数据，如图 5-57 所示。

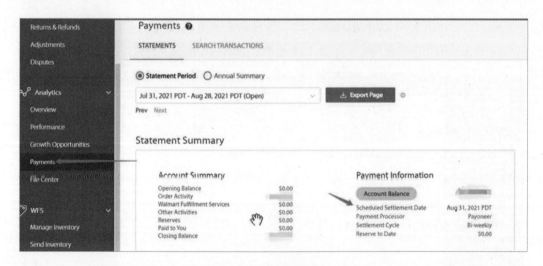

图 5-57　付款报告概览

- 点击"SEARCH TRANSACTIONS（查询支付明细）"，可以查询具体订单费用明细，如图 5-58 所示。

图 5-58 具体订单费用明细

相对亚马逊而言，沃尔玛电商平台操作简单，但二者的平台思路和经营思路又较为相似。沃尔玛电商平台可以作为已经开设了海外店铺的卖家的流量补充，也可以作为拥有海外仓的卖家的一个非常有潜力的销售渠道，非常适合有一定基础的电商卖家进行美国市场的开拓。

5.3 跨境电商 B2C 平台——全球速卖通后台操作和物流介绍

5.3.1 基本情况介绍

全球速卖通是阿里巴巴旗下的一家做海外 B2C 业务的平台，是目前世界上最早上线的 B2C 平台之一。全球速卖通脱胎于阿里巴巴国际站，发展到今天，已经是中国最大的跨境出口 B2C 平台，同时也是在俄罗斯、西班牙等国家排名第一的电商平台，又被称为"国际版淘宝"。全球速卖通面向海外买家，通过支付宝国际账户进行担保交易，并使用国际物流渠道运输，为海外买家提供中国商品的跨境采购服务。自 2022 年开始，全球速卖通开始推进托管方式，对转化率和销售情况较好的商品进行托管销售，以提升买家的体验感，并为卖家带来更高的销量。目前，全球速卖通和阿里巴巴国际站同属于阿里巴巴海外数字业务板块。全球速卖通首页如图 5-59 所示。

图 5-59　全球速卖通首页

5.3.2　申请账号

全球速卖通账号的开立与亚马逊和沃尔玛账号的开立有一定的区别。与其他淘系店铺一样，全球速卖通账号是需要通过开店考试的，这样能够快速提高卖家对平台规则的了解和认知，使其尽快进入销售状态并获得订单。此外，卖家也可以通过招商经理邀请的方式入驻，初期会有一定的政策和流量扶持，但需要符合一定的条件才可以获得邀请。

账号申请步骤如下。

（1）账户注册：进入全球速卖通官网，点击"免费开店"后按照提示步骤完成注册（事先准备好所需要的材料）。

（2）实名认证：注册完成后，如果需要发布商品，则必须完成实名认证。实名认证分为个人实名认证和企业实名认证，可以根据自身情况进行选择。

（3）开店考试：为了让新卖家尽快熟悉相关规则，在进入实际操作之前会有一个开店考试。考试内容包括对全球速卖通的基本了解，如何发布一个完整的商品，国际物流了解与操作，如何做营销，如何通过数据了解提升店铺等内容。卖家在完成考试之后，即可成功开店。

5.3.3 后台介绍

在完成了开店步骤以后，卖家就可以进入全球速卖通的后台（跨境卖家中心），点击"我的速卖通"，进入如图 5-60 所示页面。该页面左侧的选项栏中包括商品、交易、物流、店铺、营销、推广、资金、账号及认证、生意参谋、体检模块。各个模块下面还包含很多小的分类功能。

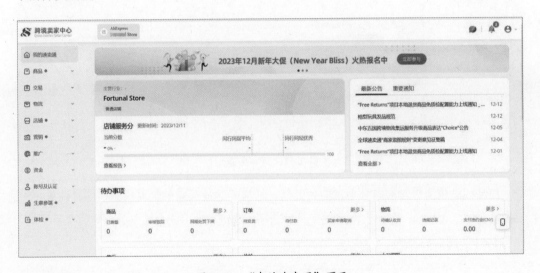

图 5-60　"我的速卖通"页面

5.3.4 商品上架

1. 填写商品标题和选择产品类目

在左侧选项栏中点击"商品"，选择"商品发布"，选择产品类目。在完成类目的选择后，点击"我已阅读以下规则，现在发布产品"，进入下一步，如图 5-61 所示。

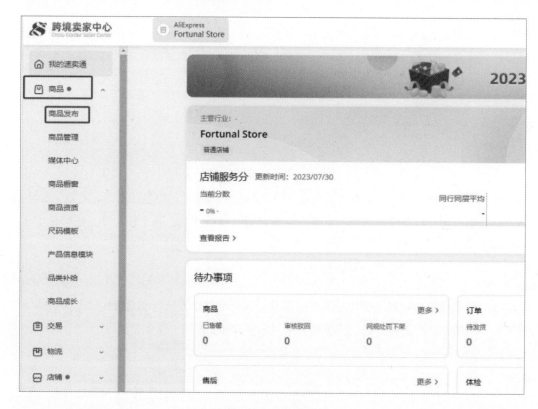

图 5-61 商品发布

　　商品标题中要包含准确且丰富的关键词，这样能够被买家更快地找到，同时注意字符要控制在 128 个以内；在弹出框里进行类目选择，选错类目可能会被平台判定为类目错放，如图 5-62 和图 5-63 所示。

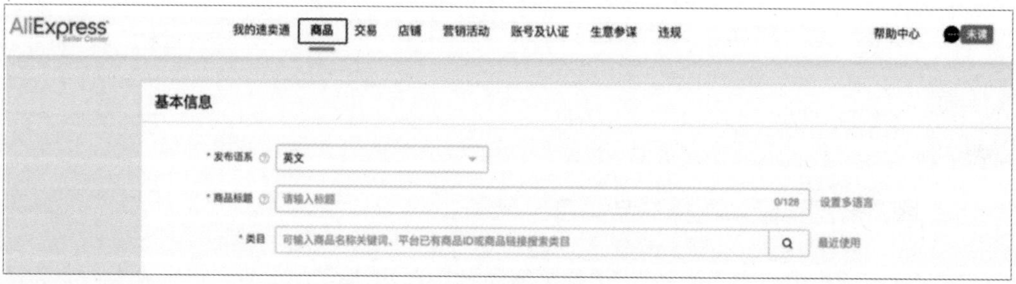

图 5-62 填写商品标题

图 5-63　选择商品类目

2．完善商品信息

下面就可以开始完善商品的基本信息了。图 5-64 所示为上传商品图片、营销图与产品视频页面。

（1）商品图片。建议上传比较清晰的图片，这样能够全方位、多角度地展示商品，尽量上传 6 张图，千万不要盗图、涉嫌禁售或侵犯他人知识产权，以免受到处罚。

（2）营销图与产品视频。商品将被展示在搜索、推荐、频道、平台活动会场等商品导购场景，可以给店铺带来更多的流量。如果有视频，那么上传视频进行展示可提高用户转化率，效果更佳。

图 5-64　上传商品图片、营销图与产品视频

（3）产品属性。这是买家选择商品的重要依据。标*的是必填属性，没有特别标注的是非必填属性。卖家应详细、完整且准确地填写产品属性，这样能够让买家在搜索时更快地找到其商品，有助于提升曝光率。图 5-65 所示为产品属性填写页面，比较清楚地展示了应该填写的属性信息。

图 5-65　产品属性填写页面

（4）价格与库存。最小计量单元，是指所售卖的商品的最小度量单位及单个商品的量词，比如鞋子按双售卖。销售方式，根据重量、体积和货值决定是单件出售还是打包出售。例如，珠宝、首饰、3C 配件等适合打包出售。颜色，可选择一个或多个主色系并设置对应的自定义名称或上传 SKU 自定义图片，便于买家选择。尺寸，可根据商品情况进行填写。发货地，可根据实际情况选择一个或多个发货地。图 5-66 所示为价格与库存填写页面。

（5）零售价及原价。注意设定的零售价包含交易手续费，其是折扣前的价格，不要与原价混淆。在设置多 SKU 商品的价格时，可以先在标题栏填写价格、库存等信息，之后点击"批量填充"，这样全部 SKU 价格可以快速填写完成，如图 5-67 所示。在填写好商品的价格之后，填写每个规格的库存数量、商品编码，同时设置区域定价（点击"设置"，选择需要设置差异化定价的国家，针对不同国家设置差异化价格）。如果是支持批发的商品，可以在"批发价"后勾选"支持"，在弹出的窗口中设置起批数量和批发价。接着填写商品详情页的描述，这是决定买家停留时长、下单转化的关键因素。

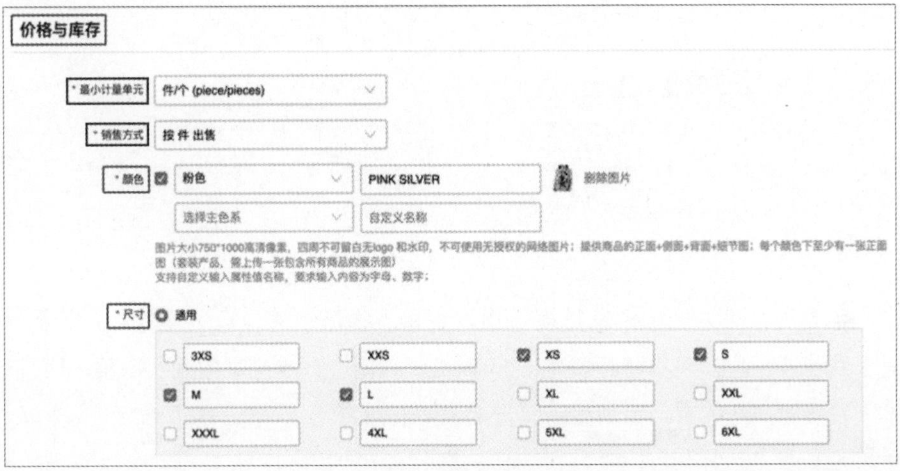

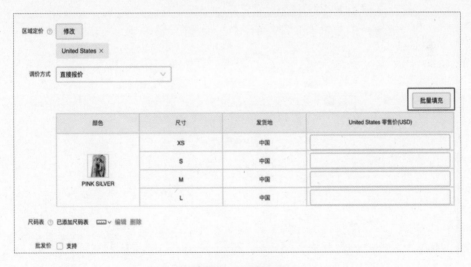

图 5-66 价格与库存填写页面

图 5-67 批量填充

（6）详细描述。详细描述应以商品实际情况为准，可以介绍商品的功能、风格、特点、使用说明、包装信息、配件，展示商品的实物全图、细节图、包装图及效果图等，点击图 5-68 所示的图片按钮即可上传图片。

图 5-68　详细描述填写页面

（7）包装与物流。这包括发货期、物流重量、物流尺寸、运费模板等，如图 5-69 所示。对于发货期，建议现货商品填写 5 天以内，否则会影响买家的购买欲望，而且平台会考核 5 天发货时间达成率，定制商品发货期视情况而定。

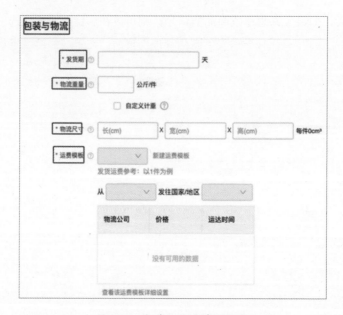

图 5-69　包装与物流填写页面

（8）其他设置。如图 5-70 所示，可以选择对应商品分组和库存扣减方式。库存扣减方式包括下单减库存和付款减库存，建议选择后者，这样能更精准地统计库存数量。

这样商品信息就编辑好了，可以保存或提交，点击"提交"就可以发布到店铺售卖了。

在提交之前建议快速浏览，核查信息是否有误。

图 5-70　其他设置

上传完成后，如果卖家想修改商品的信息，则可以在店铺页面上部选项栏中点击"商品"，选择"商品管理"，此时会进入"商品管理"页面。在下部的商品资料列表中找到需要修改的商品，点击"编辑"即可修改，如图 5-71 所示。

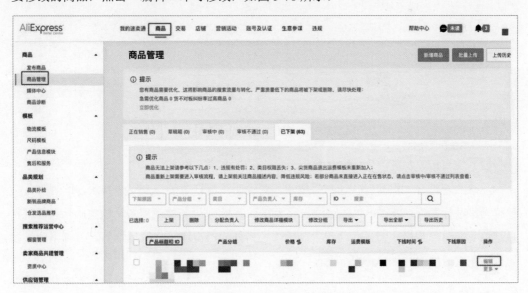

图 5-71　修改商品信息

5.3.5 发货流程

1. 线下发货

（1）首先进入店铺后台，然后进入"交易"页面，在左侧的"管理订单"选项栏选择"所有订单"，在打开的"我的订单"页面中点击"等待您发货"，这样就可以找到要发货的订单了，点击对应订单的"发货"按钮，如图5-72所示。

图 5-72 找到要发货的订单

（2）填写相关发货信息，提交发货通知即可完成线下发货。

注意：若没有"填写发货通知"按钮，则说明该笔订单的资金尚未到账，此时平台不建议卖家进行发货。若提示"跟踪号与承运方不符"，则要与物流服务商核实确认。复制粘贴运单号容易导致格式错误，建议手动输入。另外，不得填写虚假运单号，否则平台将参照全球速卖通虚假发货行为规范进行处罚。

2. 线上发货：国际小包订单

（1）进入店铺后台的"交易"页面，在"管理订单"选项栏选择"所有订单"即可看到订单列表，此时在具体订单中选择"线上发货"，如图 5-73 所示。

图 5-73　线上发货

（2）创建物流单：成功创建物流订单；粘贴发货标签，等待揽收，如图 5-74 所示。

图 5-74　创建物流单

（3）填写发货通知和单笔声明发货即可完成发货。如图 5-75 所示，进入"交易"页面，在左侧的"物流"选项栏选择"国际小包订单"，可以看到订单列表，选择要发货的订单，点击"填写发货通知"，进入图 5-76 所示的页面；点击左下角的"填写发货通知"会进入"单笔发货声明"页面，勾选订单并点击页面下部的"全部提交发货通知"就可以完成发货，如图 5-77 所示。

图 5-75　选择要发货的订单

图 5-76　填写发货通知

图 5-77　单笔声明发货

5.3.6　物流模板设置

阿里系的平台基本都会有一个物流模板的概念，是指给商品绑定物流配送模板，如图 5-78 所示，这样在买家下单时就会自动计算出该商品的到手价格。设置物流模板（见图 5-79）对于订单成交有重要的作用，卖家需要重视。

在设置物流模板之前，卖家需要先对店铺中的商品情况有一个大致的了解，比如所销售的商品主要是 0～50 克、51～150 克、151～300 克，或者更重的，等等。

这里以 51～150 克的重量段为例进行讲解。对于此重量段的运费金额，卖家应该遵循就高原则，避免因计算误差造成的利润高估而出现损失。因此，卖家可选取 150 克的运费金额，根据经济类、标准类、优先类分别核算出相应的运费金额。具体的办法是，首先，通过询价了解该重量段的运费价格，并按照就高原则记录价格；然后，进入后台，选择"新增运费模板"；在快递公司选项中选择菜鸟超级经济 GLOBAL，在表格里先筛选出 2 美元的国家，再下拉复制国家名称并将其粘贴到全球速卖通后台运费模板的国家里即可。

卖家按照这样的步骤就可以将物流模板设置好了，之后在发布商品的时候选用这个模板即可。

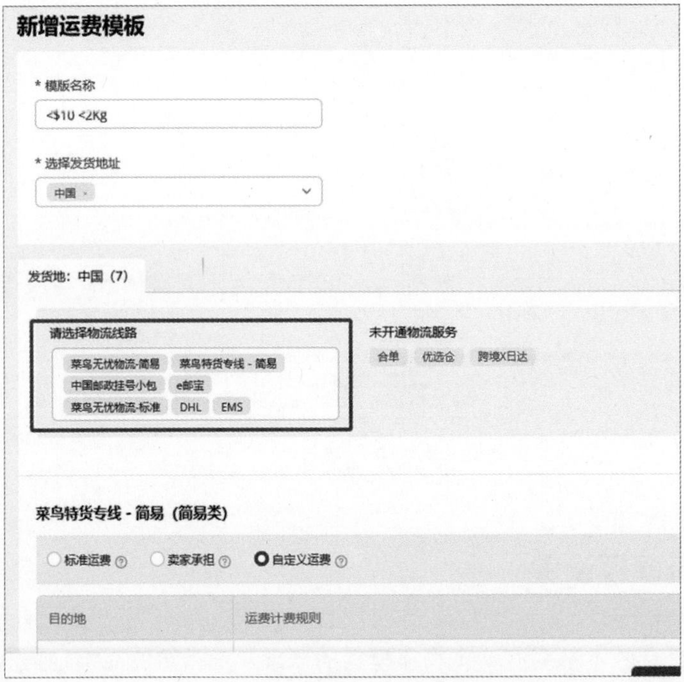

图 5-78 新建运费模板

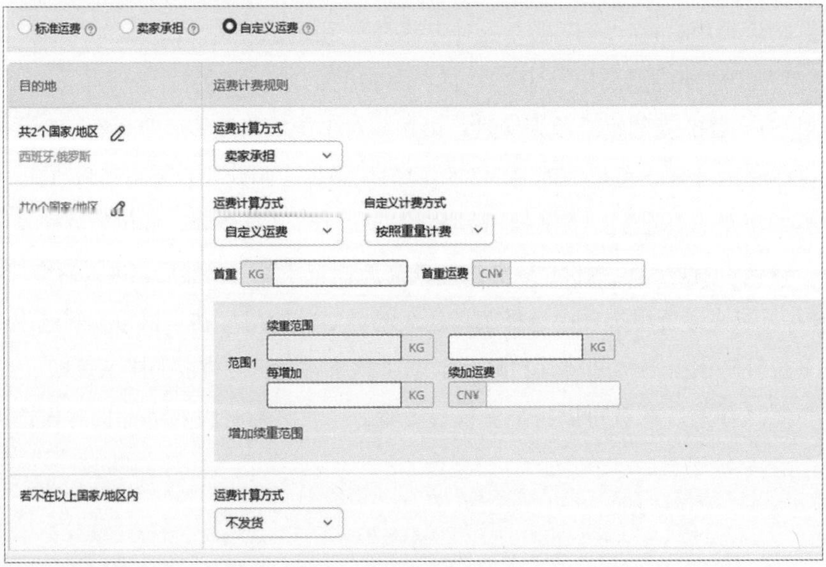

图 5-79 设置运费模板

全球速卖通虽然不及亚马逊在某些特定国家的流量那么大，但是依然是一个可以重点关注的平台，尤其是全球速卖通在推进托管模式，一旦商品被选中，其订单金额和数量就会有较大的增长。更重要的是，随着欧美电商竞争的白热化，全球速卖通重点覆盖的拉美地区和东欧地区反而是一个较大的新兴市场，这对于全球速卖通来讲也是非常好的机会。

5.4　跨境电商 B2C 平台——Temu 后台操作和物流介绍

5.4.1　基本情况介绍

Temu 是拼多多旗下的跨境电商平台，于 2022 年 9 月 1 日上线，主打高性价比。其在 2023 年年初美国关注度最高的超级碗比赛（又被称为"美国春晚"）中以 1400 万美元的价格打了 30 秒的广告，以"Shop like a Billionaire（像亿万富翁一样购物）"的口号赚足了眼球。尽管其推出的时间稍晚，但也排在了 2022 年美国购物应用下载榜的第八名，其在美国一度单日下载量居第一。而在之后的几个月，Temu 再接再厉，不断以令人惊讶的低价获得了非常高的下载量和销量。

Temu 采用的主要是平台托管模式，2023 年下半年开始推进半托管模式。Temu 主要通过对转化率较高的商品赋予更高流量的方式带动整个平台的销售。在买家侧，Temu 的单品价格非常低，但 Temu 的策略非常明确，以拉动买家多个订单并提高其平均客单价的方式来获得更高的仓储物流效率，Temu 单品价格虽然低，但是买家的平均客单价超 50 美元，这样的结果使 Temu 整体的仓储物流也有较高的效率。

5.4.2　申请账号

1. 注册账号

首先，进入网站首页开始注册账号，步骤如图 5-80～图 5-82 所示。

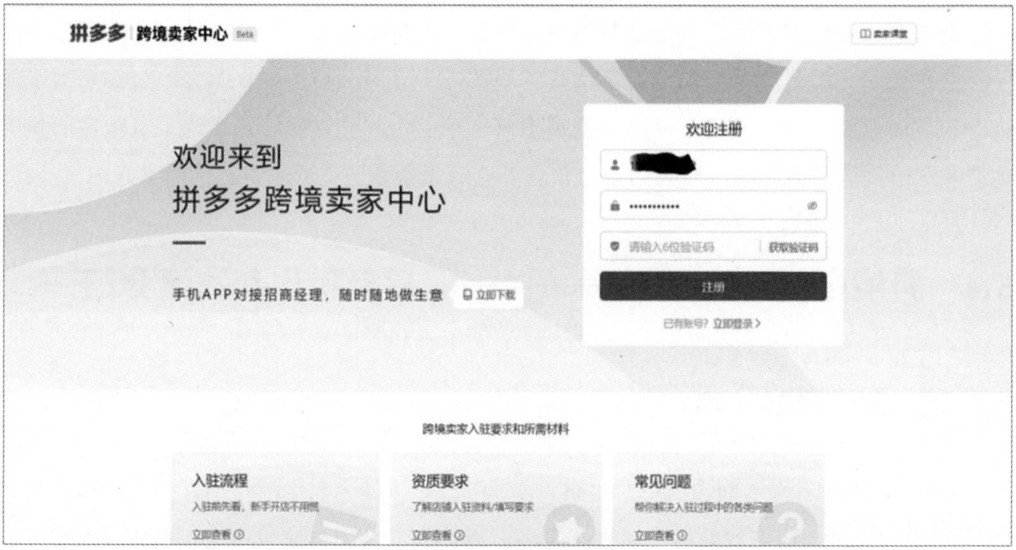

图 5-80　网站首页

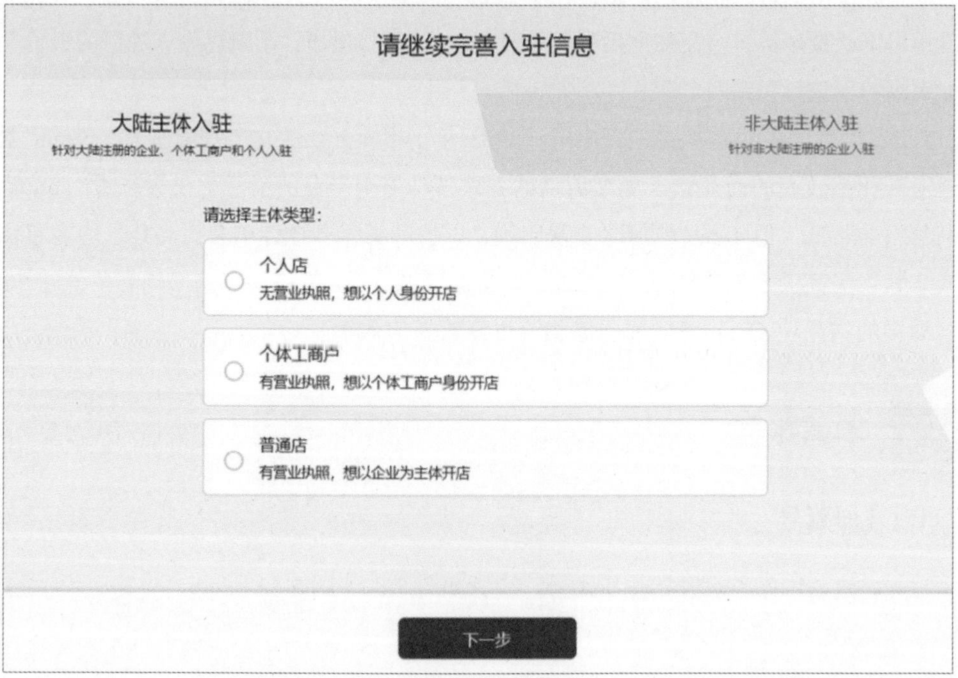

图 5-81　选择入驻主体

图 5-82 验证主体

然后，完善入驻信息和开店人信息，具体操作如图 5-83～图 5-85 所示。

图 5-83 填写营业执照和企业法定代表人信息

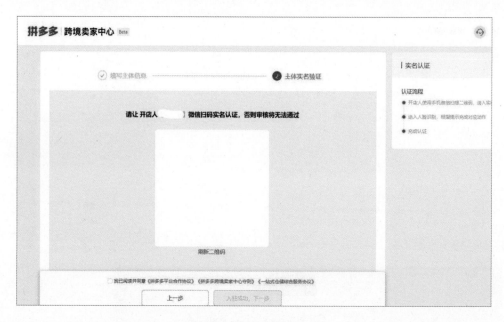

图 5-84　开店人实名认证

图 5-85　实名认证成功

2. 开通店铺

首先，签署入驻协议，如图 5-86 所示。然后，填写店铺信息，卖家需根据提示步骤填写店铺名称、上传店铺 Logo 等信息，具体如图 5-87 和图 5-88 所示。

填写完成后平台将进行审核，三个工作日会通知审核结果。审核通过后，卖家可以进入店铺后台。

图 5-86　签署入驻协议

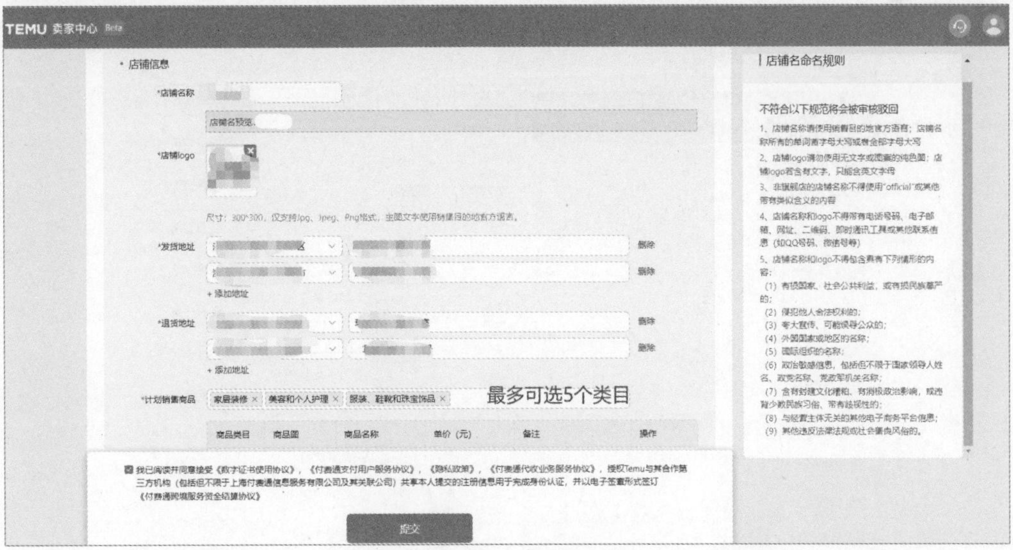

图 5-87　填写店铺信息①

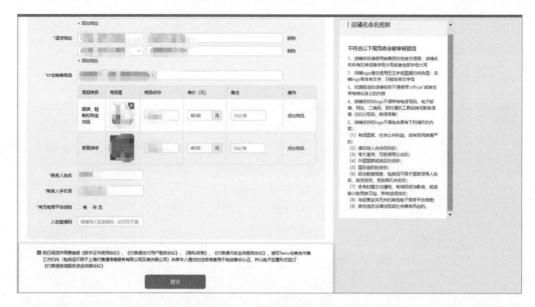

图 5-88　填写店铺信息②

5.4.3　后台介绍

Temu 后台，主要包括商品管理、备货单管理、库存管理、销售管理、核价管理、结算管理、系统管理等十大版块，如图 5-89 所示。

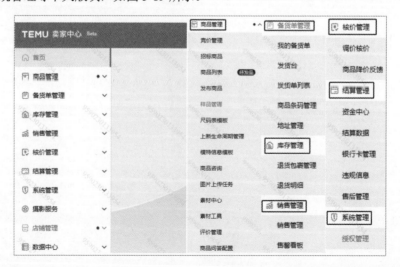

图 5-89　Temu 后台

5.4.4 发布商品

在"商品管理"选项栏选择"发布商品"（见图 5-90）就进入"发布商品"页面了，该页面包括两个版块：一个用于选择商品分类，另一个用于填写商品的基本信息，如图 5-91 所示。

图 5-90 选择"发布商品"

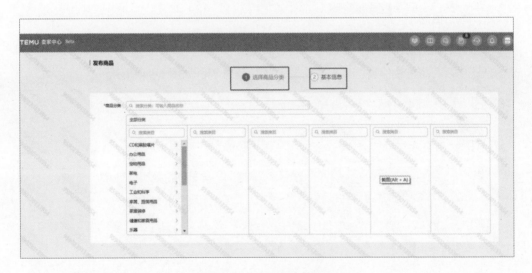

图 5-91 "发布商品"页面

1. 选择商品分类

在商品分类文本框中输入商品名称可找到对应的分类。例如，输入"led"，后台就会弹出相应的类目以供选择。如果平台推荐的类目符合商品实际类目，就可以直接勾选该类目；如果平台推荐的类目不合适，则需要更加细化，当然也可以手动在类目栏中选择更加合适的类目，如图 5-92 所示。

图 5-92　选择类目

2. 商品信息

商品信息包括主图视频、商品名称和商品属性等项目，如图 5-93 所示。除此之外，商品信息还包括商品包装信息、体积与重量、SKU 信息等，如图 5-94 所示。

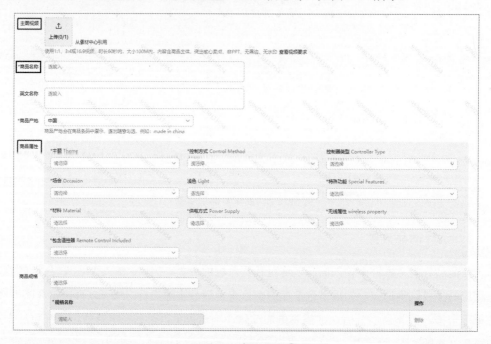

图 5-93　商品信息①

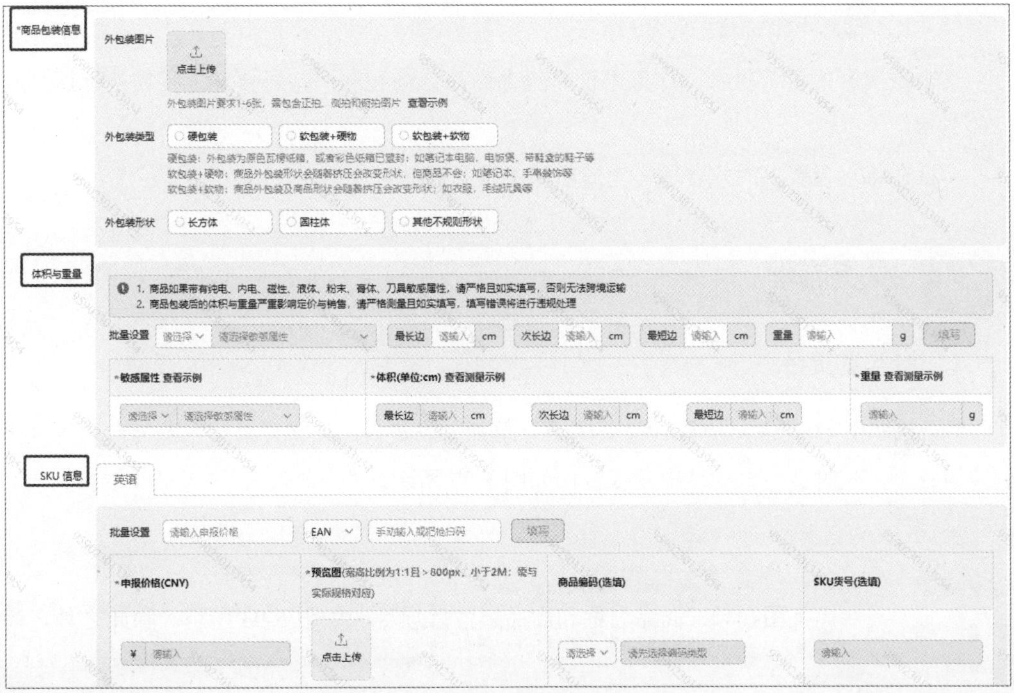

图 5-94　商品信息②

1）主图视频

平台不会强制要求上传主图视频，但若有视频会有更高的转化率。如果要上传视频，则相关要求是：使用 1∶1、3∶4 或 16∶9 的视频，时长在 60 秒内，大小在 100MB 内，内容含商品主体，核心卖点突出，非 PPT、无黑边、无水印。

2）商品名称

尽可能使用准确的词汇，这样能够提高商品的转化率。尤其是那些会有一定的本地化语言要求的商品，如果商品名称设置有问题，就有可能出现上线后无人搜索的情况。

3）商品属性

这是根据商品的特征进行的卖点描述，可以将下拉列表中的描述作为参考，并根据商品的实际情况进行补充。

4）体积与重量

这是指商品包装后的体积和重量，不是商品本身的。平台能够接受的最高差错率是 10%，卖家应注意数据的准确性。

5）SKU 信息申报价格

这个是卖家的供货价格，注意不仅要包含商品价格和利润，还要加上货物被运送到仓库的成本。

卖家在将平台要求的内容填写完成后即可发布商品。

 发货流程

1. 加入发货台

Temu 采用全托管模式，因此需要先将订单加入发货台。在将订单加入发货台后应尽快创建发货单，超时会被自动移出发货台，如图 5-95 所示。

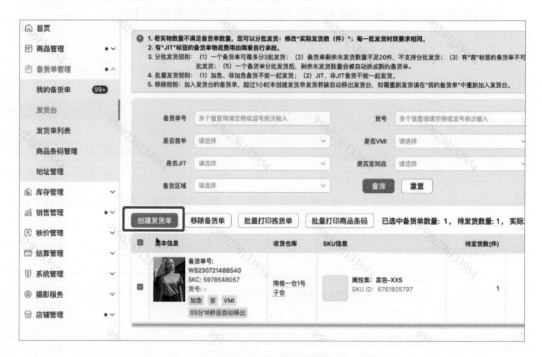

图 5-95　创建发货单

（1）加入发货台的订单就可以正常发货了。根据最新规则，只要能被加入发货台，就算抢库容成功。

（2）因超时被移出发货台的订单，可能会因没有库容而导致无法发货。

2．创建发货单

创建发货单时确认好包裹与发货数即可。

3．打印打包标签

如果没有打包标签，仓库就无法收货和记录物流信息。因此，发货前必须打印打包标签，并粘贴到对应包裹上。这里的打包标签（发货单）是包含物流信息的打包标签，打印时在后台选择"先发货后打印"，待装箱发货后在"待仓库收货"菜单下打印，就会显示出含有物流信息的标签。

4．确认发货

根据页面提示，填写相关的发货信息，完成后点击"确认发货"，如图 5-96 所示。

图 5-96　确认发货

该步骤完成后，即可到 "待仓库收货"页面重新打印带有物流信息的标签。一定要打印带有物流信息的标签，因为这样能够减少向物流公司交货时的出错率。

5.5 跨境电商 B2B 平台——阿里巴巴国际站后台操作和物流介绍

5.5.1 基本情况介绍

阿里巴巴国际站是 B2B 网站，阿里巴巴国际站物流已覆盖全球 200 多个国家和地区。阿里巴巴国际站致力于让中小企业发展壮大，打造更公平、绿色、可持续的贸易规则，以创新技术为内核，高效链接生意全链路，用数字能力普惠广大外贸中小企业，加速全球贸易行业数字化转型升级。阿里巴巴国际站首页如图 5-97 所示。

目前，有超过 20 万家企业成为阿里巴巴国际站会员，这些企业通过网站对海外销售产品。阿里巴巴国际站与亚马逊最大的不同在于，其更多的买家并不是 C 类用户，而是海外的企业，其中有很多都是在亚马逊开店的海外卖家。阿里巴巴国际站成了这些电商卖家选择供应商和合作伙伴的重要平台，相对于 B2C 平台，B2B 平台的客户体量更大，也更有挑战性，不仅对商品和店铺有一定的要求，而且对业务人员的能力要求更高。

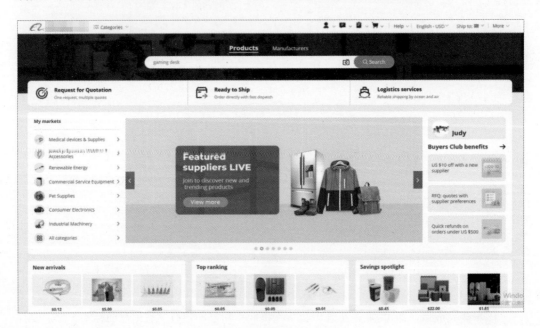

图 5-97 阿里巴巴国际站首页

5.5.2　店铺注册流程与后台介绍

1. 店铺注册

（1）注册阿里巴巴国际站会员的条件如下。

- 中国大陆工商管理部门注册的做实体产品的企业（生产型企业和贸易型企业都可以），收费办理。
- 服务型企业如物流、检测认证、管理服务等企业暂不能加入。
- 离岸公司和个人无法办理。

（2）注册费用：基础服务费，包含出口通会员费、金品诚企会员费；增值服务费，包含 P4P（外贸直通车）广告费等。

（3）注册会员所需信息：电子邮箱、手机号、企业地址、企业名称等。

（4）注册方式：联系当地阿里巴巴国际站销售团队，通过账号经理进行注册。

2. 店铺后台介绍

图 5-98 所示为阿里巴巴国际站店铺后台，左侧的选项栏分为三部分：快捷入口、业务菜单和服务工具。

图 5-98　阿里巴巴国际站店铺后台

- 店铺管理：店铺装修、A&V 认证、金品诚企认证、域名管理、贸易记录展示等。
- 认证中心：证书管理、展示后台认证进度。
- 产品管理：发布产品、管理产品、工具中心。
- 媒体中心：发布视频、开展直播等。
- 商机沟通：询盘查看、分配导出、RFQ（Request for Quotation，报价请求）、样品单管理。
- 数据分析：优化必看数据、热门关键词收集、行业商家、店铺首页数据、流量入口、产品效果。
- 客户管理：客户列表、EDM（Email Direct Marketing，邮件营销平台）设置、营销活动、访客详情。
- 营销中心：P4P、橱窗、顶展、明星展位、优惠券活动、粉丝通。
- 交易管理：信用保障服务、运费模板、验货服务。
- 出口服务：出口服务订单、订单管理、退税管理。
- 物流服务：物流结算、物流营销、海外仓管理。
- 资金金融：资金明细、结汇、退税、资金提现。

5.5.3 产品发布与管理

1．填写产品信息

（1）产品图片信息：产品主图、产品细节图、产品卖点图、产品包装图、产品使用效果图、产品使用场景图。

（2）产品文字信息：产品标题、属性、功能、价格、基础参数、尺寸、重量等。

（3）产品定位及风格：通过了解企业主营产品的竞争优势、产品用途、产品特点、产品参数等信息来确定产品适合的人群和目标市场，以确定产品定位和风格。

2．制作关键词表

（1）整理关键词（关键词获取途径）。

- 平台首页搜索栏列表框关键词，如图 5-99 所示。

图 5-99 平台首页搜索栏列表框关键词

- 同行产品内页的底部推荐关键词，如图 5-100 所示。

图 5-100 同行产品内页的底部推荐关键词

- 发布产品时的关键词列表框。
- 数据分析—选词分析，如图 5-101 所示。

（2）关键词的筛选标准：覆盖率高，搜索指数高，对应产品排名靠前，避免侵权。

（3）制作与整理关键词表。

图 5-101　选词分析

3．制作产品标题

1）产品标题制作双原则

（1）清晰的逻辑能帮助买家快速获取关键信息，而一个逻辑清晰的产品标题通常包含产品的功能、特性及优势。

（2）产品标题应控制在 80 个左右字符，这样能保证显示效果最佳。太长的产品标题不利于买家阅读和理解，而长度适中的产品标题在一定程度上有利于产品的排名与曝光。

2）产品标题结构四要素

产品的营销性词语、产品属性词、买家常用的产品搜索词、产品场景词是产品标题结构四要素。

4．产品发布流程

（1）在左边选项栏中选择"商品管理"，点击"商品发布"，如图 5-102 所示。

（2）搜索并选择要发布产品的类目，如图 5-103 所示。

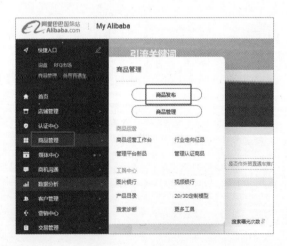

图 5-102　商品发布

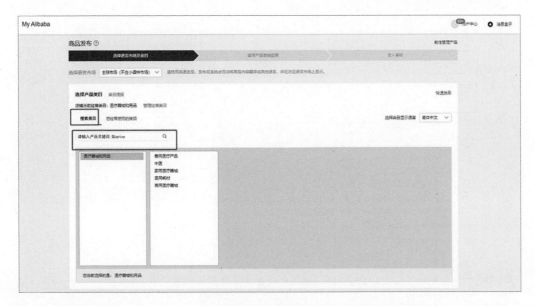

图 5-103　选择类目

（3）选择相应的产品类型（是现货还是定制产品），选好后点击"我已阅读如下规则，现在发布产品"，如图 5-104 所示。

图 5-104　选择产品类型

（4）产品名称的组成规则一般是"营销词+修饰词+核心词"；产品关键词可以从标题中摘抄，也可以自己填入与产品相关的关键词，如图 5-105 所示。

（5）产品分组，可对不同的产品进行分组，以方便买家查找；原产地，填写真实的原产地就可以了，一般是"CHINA+省份"；其他内容按真实情况填写即可，如图 5-106 所示。

图 5-105　填写产品名称与产品关键词

图 5-106　填写产品分组等信息

（6）产品 SKU（买家购买时选择产品的颜色和款式等的区域），可以填写产品的颜色、产品的款式或名称，上传自己拍摄好的产品图片，有证书的也可以关联一下。

（7）产品详情描述，一般是让美工做好产品详情页并切割好。这个时候只需要选择"智能编辑"，点击"我要编辑"，选择基础模板，添加产品详情内容，如图 5-107 和图 5-108 所示。

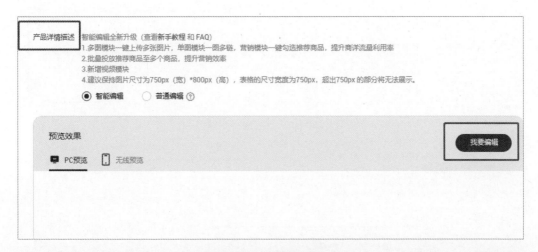

图 5-107　产品详情描述

图 5-108　详情编辑器

选择好产品详情描述的基础模板后要删除不需要的模块。最下面的 FAQ（常见问题解答）模块最好保留，可以写一些买家感兴趣的问答；表格模块也最好保留一些产品属性和其他相关信息。

计量单位、价格、发货期等如实填写即可。产品分数最好能保持在 4.6 分以上。

编辑完成进行检查并确认，点击"提交"则产品立即上架，点击"保存"则产品被保存到草稿箱，如图 5-109 所示。

图 5-109　编辑完成

5.5.4 发货及物流选择

1. 发货方式

1）零散货物的国际物流方式

（1）邮政物流：各国邮政部门之间订有协定和公约，各国的邮政包裹可以互相传递。其优势主要是物流网络基本覆盖全球，渠道广，可寄达范围广，价格非常低。其劣势是有明显的尺寸和重量限制，而且时效性不强、易丢包。

（2）商业快递：商业快递的优势是速度快、服务好、丢包率低，尤其是发往欧美发达国家特别方便，但价格高。

（3）专线物流：价格比商业快递低、比邮政物流高，速度比邮政物流快，且丢包率低，因此比较受欢迎。但其在国内揽收范围有限，覆盖范围不大。

（4）海外仓：海外仓能降低物流成本，缩短订单周期，且客户体验较好。但是这种模式容易压货，只适合库存周转快的热销单品，对卖家的供应链管理、库存管理、动销管理等的门槛要求较高。

2）线上发货

线上发货，即在阿里巴巴国际站后台使用阿里物流发货。阿里物流，是为全球速卖通、阿里巴巴国际站卖家打造的物流方式，分为优选、标准和经济型三种，可满足不同卖家的物流需求。其中，优选是时效最快捷的一种物流方式，接近商业快递的时效。标准是价格、时效适中的一种物流方式。经济型是价格低、时效较慢的一种物流方式，能实现以最低成本发货。

线上发货的优势很明显。阿里巴巴国际站卖家可以直接在后台进行发货，无须切换不同的平台，操作简单、方便。另外，阿里物流可以提供海运、空运等多个物流渠道，物流服务较为完善。但是，线上发货对寄运限制大，对一些贵重、敏感物品不予承运，而且无补贴、价格偏高。

3）线下发货

线下发货，即通过与货代公司合作发货，将货物交给货代公司，由货代公司负责货物的运输。不同的货代公司提供的物流服务范围不同，但是总体而言均有较为广泛的物流服务范围，可以提供海运、空运等物流服务，能满足不同类型与不同规模的跨境电商卖家的物流需求。

卖家选择货代公司主要考虑优势航线、价格和服务水平三个方面，应尽量跟正规、专业、资深的货代公司合作，因为这样的货代公司熟悉货运流程，能保障货运质量和安全。

4）海外仓发货

卖家在使用海外仓发货时，需提前将商品存放至海外仓库，一旦有订单产生，即可通过当地物流服务直接从海外仓库发货，快速地将商品送到买家手中。

海外仓的优势在于物流时效快，能为卖家提供良好的邮寄服务，在一定程度上可以节省物流成本、提高产品利润，也有利于获得更多的好评，提升产品曝光。但是海外仓需要支付仓租租金、操作费、处理费、人员费，会占用更多的货压资金，对资金实力要求较高。

2. 发货流程

进入阿里巴巴国际站店铺后台，先选择"物流服务"，然后点击"查询报价并下单"，如图 5-110 所示。

图 5-110 物流服务

进入新页面，点击"运价查询"就会出现系统推荐的相关物流服务商和快递方案。如果客户在阿里巴巴国际站上下单，那么点击"信保下单"，选择对应的订单即可；如果客户没有在阿里巴巴国际站上下单，就是线下收款，线上走阿里物流的情况，那么点击"普通下单"，选择适合自己的物流方案，点击"下单"即可。

根据实际情况填写包裹信息、商品信息、商品物流属性及发货地址等信息，完成后点击"提交订单"，如图 5-111 和图 5-112 所示。

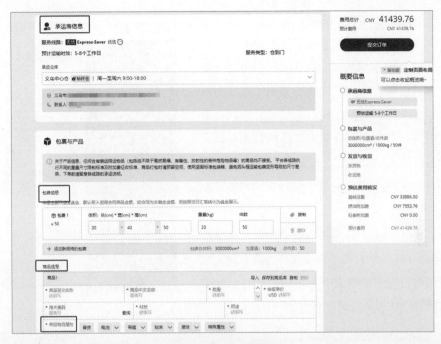

图 5-111　物流订单①

图 5-112　物流订单②

5.5.5 商机获取和询盘

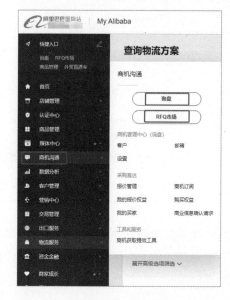

图 5-113　卖家后台

阿里巴巴国际站和 C 类网站的不同之处在于，阿里巴巴国际站主要以获得买家的询盘为主要目的。由于买家主要是 B2B 采购商，因此询盘的价值较大，卖家主要以获得优质询盘为目标。在账号左侧选项栏中点击"商机沟通"，即可看到"询盘"和"RFQ（采购直达）市场"的回复，如图 5-113 所示。

（1）点击"询盘"，即可查看到所有的询盘信息，如图 5-114 所示，卖家需要及时回复。回复速度和转化率对账号绩效会有一定的影响。一般平台认为回复越快服务能力越强。

图 5-114　询盘

（2）点击"RFQ 市场"即可查看 RFQ 市场信息。大致有如下三种方法去选择适合自己的 RFQ：

- 按产品类目去筛选 RFQ，选择细分的类目；
- 在搜索框输入关键词进行筛选；

- 进行商机订阅（路径为"商机沟通"—"商机订阅"），设置订阅后系统会推送一些商机。

卖家在报价时也可以选择不同的维度筛选商机。这些维度包括时间排序优先，客户质量优先，产品契合度优先。

报完价之后，卖家可以从后台找到买家的联系方式进行跟踪，具体流程如下。

- 报完价直接发送一封邮件到买家邮箱或通过其他联系方式联系买家。
- 报完价第二天查看买家是否已查看报价。如果买家未查看报价，那么卖家再发送一封邮件或通过其他方式联系买家；如果买家已查看报价，那么卖家可通过 TM 继续跟踪。

在平时的业务中，我们经常听到某卖家在阿里巴巴国际站上收获大客户的消息。在阿里巴巴国际站上，针对一个客户往往需要长期跟进，跟进时长可达半年、一年甚至更久。然而，这类客户往往更加稳定，一旦成为自己的客户，只要不出重大的质量问题，就会一直选择与卖家合作，甚至有些大客户能成为卖家最大的客户，助力卖家扩大生产，获得更高的收益。由此可见，阿里巴巴国际站是电商贸易中一个非常重要的平台。

本章习题

一、名词解释

1. FBA
2. WFS

二、选择题

（单选）以下哪个平台主要从事跨境 B2B 业务？（　　　）

A. 亚马逊

B. 沃尔玛

C. 全球速卖通

D. 阿里巴巴国际站

三、填空题

1. 亚马逊平台的发货方式可以分为＿＿＿＿＿＿和＿＿＿＿＿＿两种。

2. 阿里巴巴国际站和 C 类网站的不同之处在于，阿里巴巴国际站主要以＿＿＿＿＿＿为目的，由于买家主要是＿＿＿＿＿＿采购商，因此卖家主要以获得＿＿＿＿＿＿为目标。

四、简答题

1. 请对比亚马逊平台和沃尔玛平台。

2. 简述阿里巴巴国际站的主要特点和针对人群。

第6章

海外仓的实操和运营①

---

① 海外仓比较重要，这里用一章专门讲解。为了保证内容的逻辑性，部分内容可能与前文重复。

6.1 海外仓的意义

我们一般认为，如果建立在海外的仓储设施具备以下三个属性，就可以将其定义为海外仓：

- 位于海外销售目的国；
- 主要为目的国市场服务；
- 主要为本地化方式运营。

在 B2B 外贸时代，由于大多数的订单都是中国港口交货或者工厂交货贸易方式，并不涉及海外的售后和本地化部分，除了极少数对售后极度依赖的行业，几乎所有卖家都不需要海外仓。但随着跨境电商行业的兴起，越来越多的卖家意识到，更快的发货速度、更高的仓储处理效率及更好的本地化客户服务，都是做好跨境电商、成为更大规模卖家的必要条件。海外仓可以有效地避免因发货不及时而造成的断货问题，也可以兼顾处理客诉、寄送补件、多平台运营等。所以，近年来，随着跨境电商行业的蓬勃发展，海外仓成为必要的发货方式之一。

海外仓根据其属性可以分为卖家自建海外仓（含平台海外仓）和第三方海外仓，而卖家自建海外仓为了提高其利用率，降低成本，往往也会开放第三方功能，作为一个公共海外仓。这里以 FBA 为例介绍在选择海外仓的时候应该注意的问题。

（1）根据自己的产品到底是小件产品还是大件产品来选择仓储方式。

亚马逊把产品分为标准尺寸和超大尺寸（包装大于 45cm×35cm×20cm 的产品）。这样区别的意义在于，一个仓库如果习惯于处理大件货物，那么其流转机制都是建立在大件货物的存放和处理机制之上的，而如果一个仓库习惯了处理小件货物，那么其库位和分拣就会基于小件货物来设置。这是两种完全不同的流转方式和管理方式，卖家一旦选择错误，就会出现非常大的问题。

（2）根据自己产品的主要销售区域选择仓库位置。

美国是一个国土广阔的国家，美国东部和西部距离较远，尽可能选择离自己销售区域较近的仓库，如果是在全美范围销售，则应该注意在美国的西部、中部和东部都布局仓库。

（3）注意海外仓的服务费用和服务内容，并注意对比价格。

综上所述，在选择海外仓时，一定要根据自己产品的情况，因地制宜地选择仓储方式。

6.2　海外仓的运营

6.2.1　海外仓的业务流程

海外仓是整个跨境电商物流环节中非常重要的一部分，此处以相对复杂的某自营平台发货流程为例，以其自有海外仓的操作流程为基础，从平台、仓库和商家的三个业务方的角度来介绍。

1．头程物流

头程物流是指商家把自己在电商平台上销售的产品直接送到当地的仓库中的这一段物流过程。具体操作如下。

商家上传信息，平台对所上传信息进行审核，审核通过后仓库会根据商家提交的出运信息进行审核。若审核通过，那么平台和商家都会收到通知，商家就可以开始租船订舱了，货代也会收到托书，承运人确认舱位并反馈给货代，货代收到舱位确认后告知商家。商家进行出运确认和装柜出货，货代生成提单，商家制作出运单据并提交给平台。承运人可追踪货物物流。平台在收到出运单据后便会进行到货预警，仓库会为到货预留空间。待货物到港后，货代进行清关、提货并通知仓库收货。在仓库确认收货后货代会安排送货，之后货物就会到达仓库。图 6-1 所示为头程物流的流程图。

2．到货上架

当货物到达仓库后，仓库会对货物进行入仓检验，并将货物检验的情况向商家进行反馈。商家会对货物的情况进行确认，若有问题则提出异议，这时平台将介入进行协商。若商家确认无误，那么平台将对商家进行扣款，仓库进行扫码接收、入库、上架的操作，同时平台将增加库存数量。图 6-2 所示为到货上架的流程图。

3．库内周转

仓库经理发出库位调整指令并生成作业单，仓库人员根据指令移出货架、迁入货架，仓库经理确认无误后，平台进行库存更新。图 6-3 所示为库内周转的流程图。

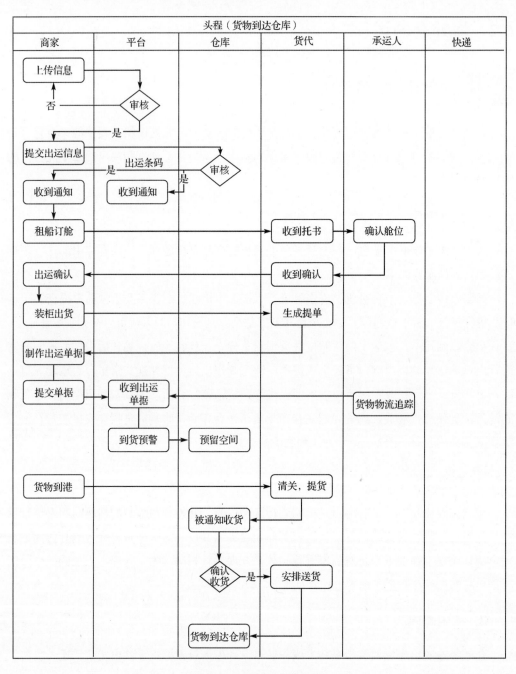

图 6-1　头程物流的流程图

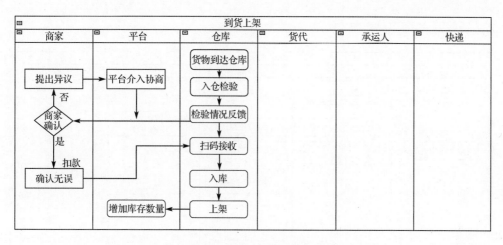

图 6-2 到货上架的流程图

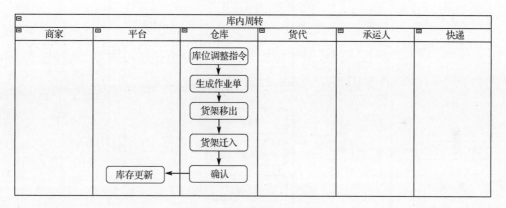

图 6-3 库内周转的流程图

4. 销售出库

销售出库的方式包括快递和物流两种。

1）快递

首先，平台生成订单和发货信息，仓库获取信息，快递收到信息并生成快递单号。接着，仓库收到快递单号，平台的订单状态会变更成"待发货"状态，商家被扣款后订单状态也将变更。然后，仓库生成作业单，仓库人员根据作业单拣货贴标，此时货物为"待出库"状态，平台订单状态也为"待出库"；等仓库将货物出库后，快递会接收货物，平台订单状态显示为"出库"；接着快递人员接收快递并进行派送，平台订单状态为"派送中"；等买家收到快递后，平台订单状态显示为"送达"。最后，等待买家签收即可。图 6-4 所示为销售出库的快递流程图。

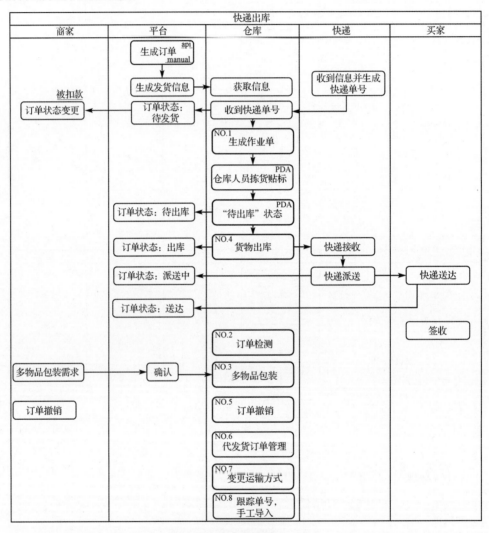

注：api=数据自动接入，manual=手工生成，PDA=仓库扫码设备。

图 6-4　销售出库的快递流程图

2）物流

商家创建订单，平台生成订单和发货信息，仓库获取信息后商家选择物流服务商进行报价。仓库收到物流报价后，商家若不满意此报价则重新选择物流服务商进行报价。若确认此报价，那么仓库会和物流服务商确认订单并通知物流服务商提货，此时平台订单状态变更为"待发货",对商家扣款。仓库生成作业单,仓库人员进行拣货贴标后,平台订单状态变更为"待出库"。货物出库,物流服务商接收,订单状态随之变更为"出库"。接着物流人员将会进行派送,货物被送达,买家进行签收,订单状态变更为"送达"。图 6-5 所示为销售出库的物流流程图。

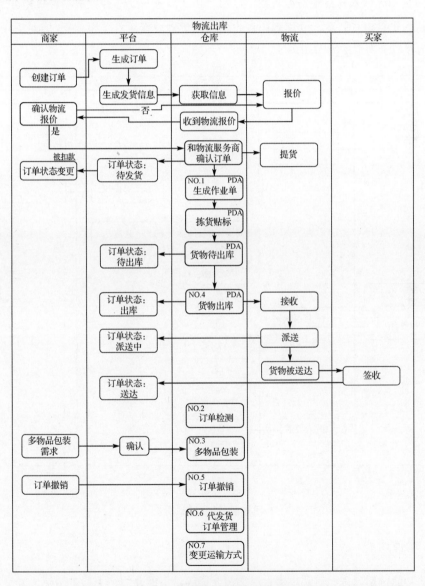

图 6-5　销售出库的物流流程图

5. 退货

商家创建订单，平台生成退货快递单据。此时，仓库会收到退货快递单据，买家会收到退货地址。接着，买家根据退货地址发货，退货送达后仓库对该订单进行核对签收。仓库对退回货物进行入仓检验，若货物不可用，那么商家对此进行弃货；若货物可用，那么商家确认后平台进行扣款，仓库扫码接收退回的货物后重新入库和上架，平台库存数量增加。图 6-6 所示为退货流程图。

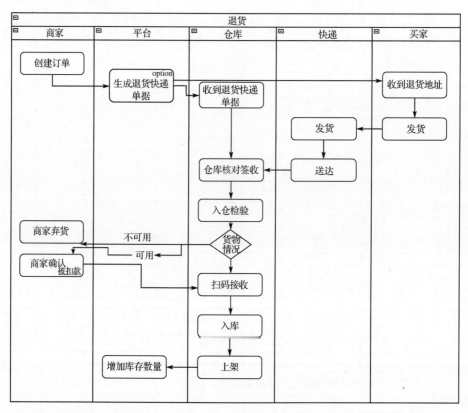

注：option，可选择。

图 6-6　退货流程图

6. 增值功能

增值功能包括分拣、包装、接收退货、弃货等。下面介绍一下其中两种。

1）接收退货

商家提交快递信息，平台进行确认后，商家寄送货物，快递收到货物后提供快递单号，商家将快递单号提交至仓库，仓库收到通知后核对签收并进行入仓检验。仓库将快递情况告知商家。若货物不可用，那么商家弃货并被扣款；若货物可用，那么商家确认后被扣款。此时仓库扫码接收货物并进行入库和上架的操作，平台的库存数量也随之增加。图 6-7 所示为快递接收退货流程图。

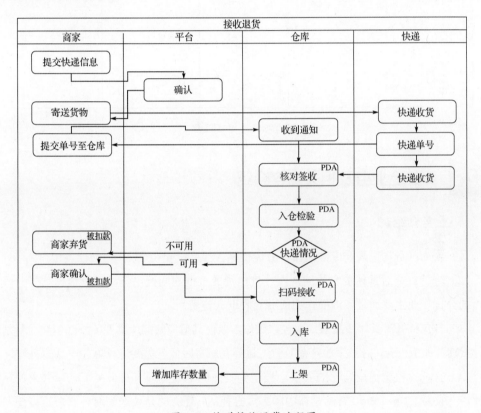

图 6-7 快递接收退货流程图

2）弃货

商家发出弃货指令，平台在收到弃货指令后进行确认，仓库在收到弃货指令后生成作业单，并将货物进行下架移库，平台的库存数量也会随之扣减。平台通知商家并进行扣款。仓库将下架的货物进行处理：若货物不可以销售了，那么便由垃圾公司进行清运；若货物可以销售，那么仓库将对这些货物进行清货，由清货公司进行收货。图 6-8 所示为弃货流程图。

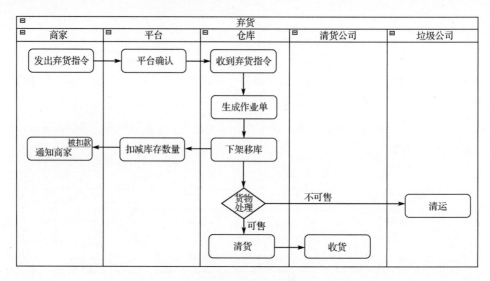

图 6-8 弃货流程图

 海外仓业务及相关内容介绍

1. 业务介绍

（1）入库：货物进入仓库的操作，分为快递入库和批量货物入库。

（2）分拣：针对具体货物的同批次分批出货或多批次同批出货，以及根据款号分拣。仓库的分拣作业主要通过库内操作完成并会收取一定费用。

（3）打包：针对具体产品的二次包装操作，以便其适应邮购所需要的外部包装。特别是小件货物，如手机壳，往往多个产品 包，这样在邮寄时候就需要进行单个产品的包装。

（4）打托：根据美国仓库的要求，被送到美国的货物必须有符合美国仓库要求的托盘尺寸，一般为 1.2m×1.2m。有的是在中国完成打托的，还有的是被送到海外仓后再打托发往目的地的。

（5）拍照：根据客户要求，针对单件产品或多件产品的拍照操作。

（6）出库：根据货主要求进行的货物发出操作。

（7）运输：出库后，通过快递、物流等方式将货物运输至目的地的操作。

2．快递费用

快递费用主要由库内费用和尾程费用构成。

其中，库内费用包含入库费用、堆存费用、出库费用、中转费用、增值服务费用等。

海外仓会按照入仓产品的实际重量进行分档，如图 6-9 所示。如果产品按套销售，那么重量和尺寸是包装在一起的所有产品的总和。

海外仓产品分档		
产品分档	产品实际重量/lb	产品实际重量/kg
SIZE A	$0 < W \leqslant 4.4$	$0 < W \leqslant 2$
SIZE B	$4.4 < W \leqslant 22$	$2 < W \leqslant 10$
SIZE C	$22 < W \leqslant 50$	$10 < W \leqslant 22.7$
SIZE D	$50 < W \leqslant 100$	$22.7 < W \leqslant 45.4$
SIZE E	$100 < W \leqslant 150$	$45.4 < W \leqslant 68.1$
SIZE F	$W > 150$	$W > 68.1$

图 6-9　海外仓产品分档（范例）

1）入库费用

（1）整柜入库费用。

整柜入库即从海外直接发运集装箱货柜至美国港口并将其送至海外仓，而接收集装箱货柜产生的费用即整柜入库费用，其包含货柜中所有货物的卸货费用及上架费用。

（2）散货入库费用。

- 从海外发至美国港口的集装箱货柜，拆柜后用卡车或快递将其送至海外仓，接收货物时产生的费用会按照货物的外箱重量分档收取。
- 从海外通过小包发至美国并直接通过快递送至海外仓，按箱接收货物时产生的费用会按照散货外箱的重量分档收取。

（3）调拨入库费用。

- 从其他海外仓调拨发货至本海外仓的入库接收费用。
- 从亚马逊或其他平台调拨回本海外仓的入库接收费用。

（4）退货入库费用。

从海外仓发出的销售出库订单或调拨出库订单中的货物被退回海外仓，其入库接收所产生的费用即退货入库费用。

如果货物被海外仓接收，但在海外仓系统中不存在入库单据，则被视为无来源入库，对于无来源货物需要和客户先行确认，在被确认为客户的 SKU 以后，将按照退货入库收取费用。

海外仓入库费用清单（范例）如图 6-10 所示。

业务项目		费用描述	计费单位
整柜入库	入库接收费	20 GP	集装箱
		40 GP/HQ	集装箱
		45 HQ	集装箱
	收货附加费	单个集装箱内的包裹箱数超过 1000 箱的，每增加 1 箱加收 2 美元	箱
	理货附加费	集装箱内有多个 SKU 且未按前后排序或做明显区分的，需要人工分货（可能包含其他需要人工理货的情况）	箱
		集装箱内的 SKU 种类不得超过 10 个，超出部分每个 SKU 加收 2 美元	个
	空柜堆存费	对收到海外仓预约系统发出空柜通知后的 2 个工作日内未安排提走的空柜收取的费用	集装箱·天
	困难作业费	因标签贴错或漏贴等造成仓库入仓困难产生的费用	集装箱
散货入库	入库接收费	SIZE A：0 lb < W ≤ 4.4 lb	箱
		SIZE B：4.4 lb < W ≤ 22 lb	箱
		SIZE C：22 lb < W ≤ 50 lb	箱
		SIZE D：50 lb < W ≤ 100 lb	箱
		SIZE E：100 lb < W ≤ 150 lb	箱
		SIZE F：W > 150 lb	箱
调拨入库	入库接收费	SIZE A：0 lb < W ≤ 4.4 lb	件
		SIZE B：4.4 lb < W ≤ 22 lb	件
		SIZE C：22 lb < W ≤ 50 lb	件
		SIZE D：50 lb < W ≤ 100 lb	件
		SIZE E：100 lb < W ≤ 150 lb	件
		SIZE F：W > 150 lb	件
退货入库	入库接收费	SIZE A：0 lb < W ≤ 4.4 lb	件
		SIZE B：4.4 lb < W ≤ 22 lb	件
		SIZE C：22 lb < W ≤ 50 lb	件
		SIZE D：50 lb < W ≤ 100 lb	件
		SIZE E：100 lb < W ≤ 150 lb	件
		SIZE F：W > 150 lb	件
入库附加费	入库拍照费	应客户要求，用手机或普通相机对产品外箱拍照（仅拍摄外箱外观）	张
		不仅拍外箱，还需要开箱拍产品外观照（拍照费＋开箱费＋封箱打包费）（详情参见增值服务费）	张

注：20GP=20 英尺集装箱；40GP/HQ=40 英尺集装箱；45HQ=45 英尺集装箱。

图 6-10　海外仓入库费用清单（范例）

2）堆存费用

（1）堆存费用按照在仓 SKU 的体积（海外仓服务账单堆存费用中 SKU 体现的尺寸为 cm，计费量为 CUFT）和库存量每日进行收取，从每批货物入库当日开始算库龄。

（2）堆存费用涉及的体积，在海外仓系统统计范围为常规在库库存，当日已出库库存不计入。

（3）每个批次的 SKU 库存在海外仓完成收货及上架后单独记录在库时间及库龄，因此会根据相应批次的周转率采用相应库龄的费率计算堆存费用。

（4）海外仓系统在太平洋时间每日 23:00—01:00 结算堆存费用。

堆存费用（范例）如图 6-11 所示。

业务项目	费用描述	计费单位	费率					
			免仓期	1～60 天	61～120 天	121～180 天	181～360 天	360 天以上
堆存费用（可售库存）	美西地区仓库 Pacific - Los Angeles	CUFT・DAY	30 天	—	—	—	—	—
		CBM・DAY	30 天	—	—	—	—	—
	美东南地区仓库 Southeastern - Atlanta	CUFT・DAY	30 天	—	—	—	—	—
		CBM・DAY	30 天	—	—	—	—	—
	美中地区仓库 Southwestern - Dallas	CUFT・DAY	30 天	—	—	—	—	—
		CBM・DAY	30 天	—	—	—	—	—
	美东北地区仓库 Middle Atlantic - New Jersey	CUFT・DAY	30 天	—	—	—	—	—
		CBM・DAY	30 天	—	—	—	—	—
堆存费用（不可售库存）	美西地区仓库 Pacific - Los Angeles	CUFT・DAY	无免仓	—	—	—	—	—
		CBM・DAY	无免仓	—	—	—	—	—
	美东南地区仓库 Southeastern - Atlanta	CUFT・DAY	无免仓	—	—	—	—	—
		CBM・DAY	无免仓	—	—	—	—	—
	美中地区仓库 Southwestern - Dallas	CUFT・DAY	无免仓	—	—	—	—	—
		CBM・DAY	无免仓	—	—	—	—	—
	美东北地区仓库 Middle Atlantic - New Jersey	CUFT・DAY	无免仓	—	—	—	—	—
		CBM・DAY	无免仓	—	—	—	—	—

图 6-11　堆存费用（范例）

3）出库费用

（1）出库费用中的销售出库（B2C）订单主要指的是商家在诸如亚马逊等第三方平台所销售的终端消费者购买的订单。

销售出库（B2C）订单的拣货出库费为订单中每个 SKU 的出库费用。

（2）调拨出库（包括 B2B 出库）订单为商家需要给销货商或 FBA 等仓库补货的订单。

调拨出库（包括 B2B 出库）订单的拣货出库费为订单中每个 SKU 的出库费用，拣货出库费会按每个 SKU 的重量分档收取费用。

出库费用（范例）如图 6-12 所示。

业务项目		费用描述	计费单位
销售出库	拣货出库费	SIZE A：$0\ \text{lb} < W \leqslant 4.4\ \text{lb}$	件
		SIZE B：$4.4\ \text{lb} < W \leqslant 22\ \text{lb}$	件
		SIZE C：$22\ \text{lb} < W \leqslant 50\ \text{lb}$	件
		SIZE D：$50\ \text{lb} < W \leqslant 100\ \text{lb}$	件
		SIZE E：$100\ \text{lb} < W \leqslant 150\ \text{lb}$	件
		SIZE F：$W > 150\ \text{lb}$	件
	特殊订单处理费	要求仓库在 24 小时内（原订单时效非 24 小时的情况）发货的加急订单	单
		渠道订单，且不使用尾程账号发货（与第一种情况同时满足的，则叠加收取）	单
	附加标签费	除了销售订单发货包裹本身的快递面单，还需要张贴其他标签的，需收取额外的贴标附加费	张
调拨出库	拣货出库费	SIZE A：$0\ \text{lb} < W \leqslant 4.4\ \text{lb}$	件
		SIZE B：$4.4\ \text{lb} < W \leqslant 22\ \text{lb}$	件
		SIZE C：$22\ \text{lb} < W \leqslant 50\ \text{lb}$	件
		SIZE D：$50\ \text{lb} < W \leqslant 100\ \text{lb}$	件
		SIZE E：$100\ \text{lb} < W \leqslant 150\ \text{lb}$	件
		SIZE F：$W > 150\ \text{lb}$	件
	订单处理费	调拨出库订单（包含 B2B 订单）的订单操作处理费，按订单收取	单
	托盘处理费	包含托盘费用及海外仓打托、缠膜的作业费，适用于 CA（加州）地区和 NJ（新泽西州）地区的海外仓	托盘
		包含托盘费用及海外仓打托、缠膜的作业费，适用于 GA（乔治亚州）地区和 TX（得克萨斯州）地区的海外仓	托盘
	托盘出库费	货物以托盘形式入仓，并未经过拆托等操作直接按原托盘出库时收取此费用，不会按件收取拣货出库费	托盘
	标签费	贴标及换标产生的费用	张
	增值服务费	按照具体情况收取	单

图 6-12　出库费用（范例）

4）中转费用

如果是整柜到仓，那么费用及计费规则参考"整柜入库接收费"。如果是卡车或快递到仓的情况，那么根据实际货物的形态（是托盘货还是散货），按照整柜入库规则及费率收取费用。到仓接收费用会在货物到仓接收完成时收取。中转费用（范例）如图 6-13 所示。

	业务项目	费用描述	计费单位
中转到仓	托盘货到仓接收费	以托盘形式入库	托盘
	散货到仓接收费	SIZE A：0 lb < W ≤ 4.4 lb	箱
		SIZE B：4.4 lb < W ≤ 22 lb	箱
		SIZE C：22 lb < W ≤ 50 lb	箱
		SIZE D：50 lb < W ≤ 100 lb	箱
		SIZE E：100 lb < W ≤ 150 lb	箱
		SIZE F：W > 150 lb	箱
	到仓分拣费	如需海外仓重新分拣中转货物则收取此费用，在到仓接收前已做好区分或不需要拆托的则无须收取	件/箱
	托盘处理费	包含托盘费用及海外仓打托、缠膜的作业费，适用于 CA 地区和 NJ 地区的海外仓	托盘
		包含托盘费用及海外仓打托、缠膜的作业费，适用于 GA 地区和 TX 地区的海外仓	托盘
	托盘出库费	货物以托盘形式入仓，并未经过拆托等操作直接按原托盘出库时收取此费用，不会按件收取拣货出库费	托盘
	标签费	贴标及换标产生的费用	张

图 6-13　中转费用（范例）

5）增值服务费用

（1）用于重新包装的纸箱可能需要海外仓临时采购，为了保证货物出库的及时性，建议货物在出库时保持入仓原包装，或者在需要重新包装时提前向海外仓提供包装耗材。

（2）海外仓对需销毁货物和弃货的处理优先级很低，可能需要很长时间，小件可尽量提前处理，大件建议自行回收，否则可能会因仓库作业周期较长而产生过多堆存费用。

（3）需销毁货物和弃货的作业完成时间以仓库实际完成时间为准。

（4）系统服务费包含海外仓的日常使用费，以及亚马逊等第三方平台的对接费，仅在开始合作时收取一次。

（5）如有其他渠道需要对接，则需要根据渠道类型询价。

增值服务费用（范例）如图 6-14 所示。

业务项目		费用描述	计费单位
库内增值服务	托盘处理费	包含托盘费用及海外仓打托、缠膜的作业费，适用于 CA 地区和 NJ 地区的海外仓	托盘
		包含托盘费用及海外仓打托、缠膜的作业费，适用于 GA 地区和 TX 地区的海外仓	托盘
	托盘出库费	货物以托盘形式入仓，并未经过拆托等操作直接按原托盘出库时收取此费用，不会按件收取拣货出库费	托盘
	标签费	贴标及换标产生的费用	张
	拍照费	应客户要求，用手机或普通相机对产品外观进行拍照产生的费用	张
	纸箱材料费	根据纸箱实际尺寸大小收取费用	只
	开箱费	仓库打开一箱多件产品的外箱，或者打开单个 SKU 的外包装等产生的费用	箱
	封箱打包费	SIZE A：$0\,\text{lb} < W \leqslant 4.4\,\text{lb}$	件
		SIZE B：$4.4\,\text{lb} < W \leqslant 22\,\text{lb}$	件
		SIZE C：$22\,\text{lb} < W \leqslant 50\,\text{lb}$	件
		SIZE D：$50\,\text{lb} < W \leqslant 100\,\text{lb}$	件
		SIZE E：$100\,\text{lb} < W \leqslant 150\,\text{lb}$	件
		SIZE F：$W > 150\,\text{lb}$	件
	销毁费&弃货费	根据美国有关垃圾处理法规，对于可以销毁的产品，按产品体积计费，最低按 1 CBM 的费率收取	CBM
	其他特殊作业费	海外仓提供非常规的或大规模人工支持等作业产生的费用	人·半小时

图 6-14　增值服务费用（范例）

6）尾程费用

尾程费用主要是指从海外仓寄往买家地址所需的快递费用或物流费用。这里以 FedEx 尾程为例进行讲解。FedEx 快递费用通常由以下几部分组成。

（1）计费重量（Rated Weight），是货物实重和体积重取大值并向上取整后的重量。

- 体积重=长×宽×高 / 250，长、宽、高在计算前都需向上取整，250 为体积系数（DIM）。
- 分区（Zone）由收发货地址的邮编决定。

（2）基础费率（Base Rate），是 FedEx 官方公布价打折后的费率，不包含 FedEx 的各项附加费。

（3）附加费。

- 燃油附加费（Fuel Surcharge）。

燃油附加费=（基本费用+其他附加费）×燃油费率。燃油费率每周调整一次，实际以 FedEx 账单体现为准。

- 额外处理费（Additional Handling Surcharge，AHS），如果超过了规定标准，就会被收取额外处理费，区域不同，价格也不同。额外处理费会根据尺寸、重量和包装分别收取。额外处理费（范例）如图 6-15 所示。

单位：美元

	Zone 2	Zone 3	Zone 4	Zone 5	Zone 6	Zone 7	Zone 8
AHS‑Dimension	1.88	2.09	2.09	2.29	2.29	2.55	2.55
AHS‑Weight	2.95	3.21	3.21	3.41	3.41	3.66	3.66
AHS‑Packaging	4.34	4.99	4.99	5.25	5.25	5.51	5.51

注：Dimension，尺寸；Weight，重量；Packaging，包装。

图 6-15　额外处理费（范例）

3. 海外仓对账

海外仓操作较为复杂，订单进出库较为频繁，造成了海外仓对账比较复杂，这也是需要重点注意的部分。

对账单主要包括账户概要、海外仓储业务费用及赔付明细。

- 账户概要：上期余额、本期付款、本期付款手续费、赔付、本期费用、期末余额。
- 海外仓储业务费用：出库费、快递费、仓储费、退货运费、退货处理费、销毁费、操作费、卸货费、快递补收费、返退及其他费用。
- 赔付明细：库内赔付和快递赔付。

海外仓对账单明细（范例）如图 6-16 所示。

账户汇总账单 （Monthly Account Statement）	
服务主体（Service Company）	
客户代码（Customer Code）	735
账期（Statement Period）	202211
账户概要（Account Summary）	美元(USD)
上期余额（Previous Balance）	7095.642
本期付款（Current Period Deposit）	19960.000
本期付款手续费（Current Period Commission）	
赔付（Total Reimbursement）	
本期费用（Charge of Current Period）	14274.084
期末余额（Total Balance Due）	12781.558
海外仓储业务费用（Charges for Overseas Warehouse）	
出库费（Outbound Operation Charge）	760.000
快递费（Delivery Charge）	11036.207
仓储费（Storage Charge）	0.000
退货运费（Return Freight）	80.000
退货处理费（Returns Handling Charge）	376.000
销毁费（Disposal Charge）	
操作费（Handling Fee）	
卸货费（Unloading Charge）	
转仓费（Transit Charge）	383.800
快递补收费（Delivery Top-up）	1737.438
返退（Other Reimbursement）	−99.361
其他费用（Others）	
本期费用总计（Total Charge）	14274.084
赔付明细	
库内赔付（Warehouse Reimbursement）	
快递赔付（Delivery Reimbursement）	
赔付小计（Subtotal）	0.000

服务说明：

客户确认账单后，须尽快回传对应回执；

客户若对此份账单有异议，请及时与对接的客服联系；

客户如七天内未回复，则视为确认此费用。

图 6-16　海外仓对账单明细（范例）

6.3　海外仓系统操作说明

如果选择海外仓，就必然会涉及海外仓系统，实际上，海外仓系统是跨境电商一个重要的组成部分。海外仓的流程具备一定的标准化属性，因此海外仓系统的操作流程都极其相似。本节以某海外仓系统为例，对海外仓系统操作进行介绍。海外仓系统入口如图 6-17 所示。

图 6-17　海外仓系统入口

6.3.1　用户设置

首先对用户预先开通管理员账号，使用管理员账号可以在公司组织下开通组织普通用户账号，可以根据用户的使用场景和需求设置普通用户账号的系统使用权限。

角色管理：按照"用户"—"用户管理-列表"—"角色管理-列表"—"添加角色"路径创建账号角色权限，如图 6-18 所示。

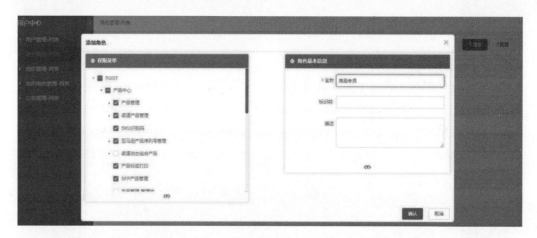

图 6-18　创建账号角色权限

用户管理：按照"用户"—"用户管理-列表"—"角色管理-列表"—"添加角色并创建账号"的路径进入图 6-19 所示的页面。

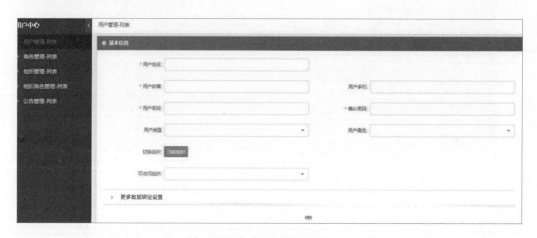

图 6-19　填写基本信息

接着点击"更多数据绑定设置"，进入图 6-20 所示的页面进行数据设定。

根据该账号使用者的使用场景和操作需要设定账号的项目、渠道和仓库使用权限，设定完成后点击"保存"，这样成员账号就开通完成了。

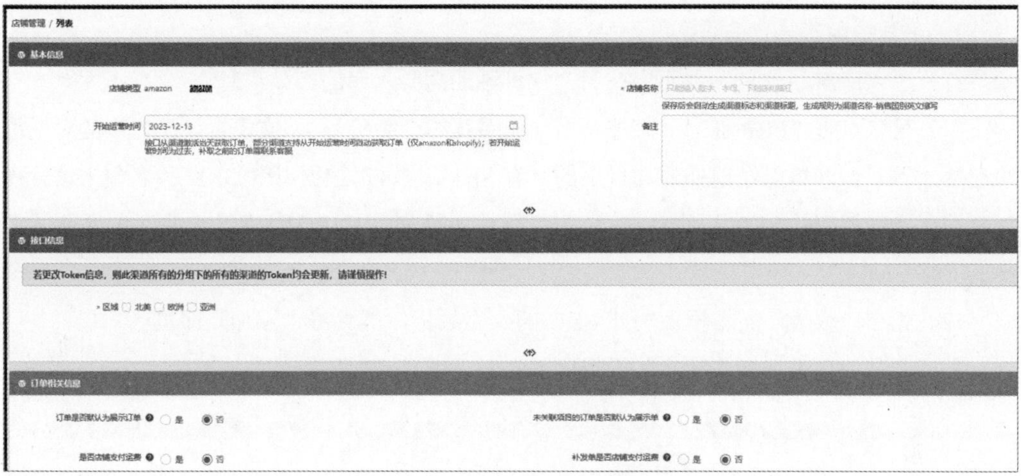

图 6-20　更多数据设定页面

6.3.2　入库管理

在完成用户设置后，按照"仓储"—"入库管理"—"入库计划单"—"添加"的路径进入图 6-21 所示的页面，添加基本信息。

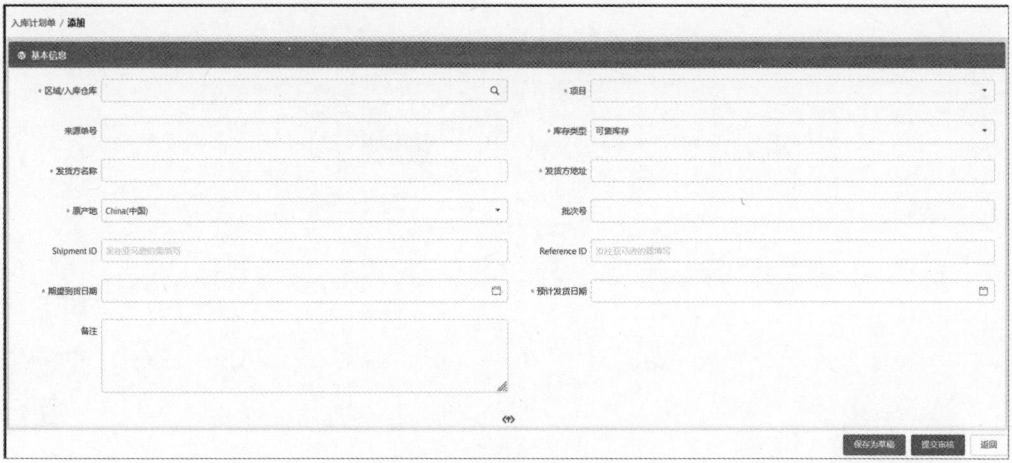

图 6-21　添加基本信息

1）单独添加入库产品信息

打开"入库产品信息"页面，在第一行可添加需要入库的产品信息。

（1）可以点击"ERP SKU（海外仓自动化系统的产品货号）"文本框，在弹出的对话框中会展示入库计划单已经选择的项目下的所有 SKU，也可以根据 ERP SKU 和名称来进行模糊查找；点击相应的 SKU 后则会在"入库产品信息"的"ERP SKU"文本框处显示刚才选择的 ERP SKU。

（2）先在"数量"文本框填写此 SKU 的入库数量，再点击"添加"即可。

入库产品信息添加和入库产品选择如图 6-22 和图 6-23 所示。

图 6-22　入库产品信息添加

图 6-23　入库产品选择

2）入库流程

在"草稿"页面进行编辑，完成后提交入库申请，会依次进入待审核、待装箱、待入库、入库中和已完成流程，如图 6-24 所示。按照提示提交相关的单据即可完成入库。

图 6-24　入库流程

6.3.3　预约管理

在货柜到港时，需要在系统中进行预约，与仓库协调货柜入仓日期。具体操作：点击"模块"，点击"Reservation（预约）"，在左侧的选项栏点击"Reservation List Agent（货代）/Client"（客户）。这里根据预约实际操作的人员是国外货代还是客户国内同事选择相应的预约端。图 6-25 所示为预约模块。

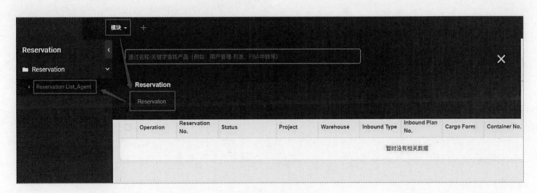

图 6-25　预约模块

在"Basic Information（基本信息）"页面找到"Inbound Plan No.（入库计划单号）/Container No.（集装箱号）"栏位，在该栏位填写对应的入库计划单号或集装箱号（如果有一柜多个入库计划单号的情况，可以填写多个，用英文字符的","隔开即可），可以自动带出柜子的目的仓、项目等信息。全部填写完毕后，点击"Save & New（保存 & 新建）"即可新增为草稿，后续可以随时修改更新；点击"Submit"可以直接提交并返回列表页面。

6.3.4 仓库转运

发往 FBA 仓库的货物，在海外仓进行转运，打托换标后再被送往 FBA 仓库。商家要发起仓库转运，可以按照"仓储"—"转运管理"—"转运计划单"的路径进入页面，点击"添加"。

添加仓库转运任务的具体操作方法如下。

1. 编辑/提交

首先按照要求填写转运计划单据，在填写完成后提交单据，进入审核流程。

2. 确认发货

在提交的转运计划单据审核通过后，点击"确认发货"，填写"实际发运日期"、"预计入库日期"、"物流单号"和"货物形态"等信息，填写完成后点击"确定"，单据状态变为"待入库"。点击"操作"，选择"批量确认发货"，勾选需要发货的订单，即完成了提交。之后由仓库操作，单据状态变更为"入库中"，表示仓库在接收货物操作中；单据状态变为"待出库"，代表接收完成并开始准备出库；单据状态变为"已完成"，表示货物已经出库，单据流程结束。

6.3.5 仓库调拨

按照"仓储"—"仓库调拨"—"调拨计划单"—"添加"的路径，即可进入"仓库调拨"页面。

1. 基本信息

目前调拨计划单模块涵盖了很多种业务类型，包括从渠道移回仓、仓发 FBA/平台、仓与仓间的调拨、B2B 订单等，如图 6-26 所示。下面展示的就是其他海外仓发仓的调拨计划单创建情形。

图 6-26　调拨计划单

2．调拨计划单据状态

将"草稿"状态下的调拨计划单提交审核，或者在新建调拨计划单后点击"保存"，直接提交审核。调拨计划单都会被提交给管理员审核，此时调拨计划单为"待审核"状态。

在审核通过后，如果调出仓库为"Other（其他仓库）"，则调拨计划单进入"已出库"状态；如果调出仓库为仓或渠道账号，则调拨计划单进入"待出库"状态。需要特别注意：一旦提交审核，进入"待审核"状态的调拨计划单信息就无法自行修改了，如需修改，则需联系管理员。

在管理员审核驳回后，调拨计划单则会变为"已驳回"状态，此时便可以编辑并重新提交审核了。调出仓库为"Other"的调拨计划单，审核通过后显示为"已出库"状态，货物被仓库接收后，调拨计划单进入"入库中"状态，仓库收货完成后则进入"已完成"状态。调出仓库为仓或渠道账号的调拨计划单，审核通过后进入"待出库"状态；货物从调出仓库发出后，调拨计划单进入"已出库"状态；货物被调入仓库接收后，调拨计划单进入"入库中"状态；仓库收货完成后则显示为"已完成"。

6.3.6　销售管理

B2C 订单主要有两种，一种是渠道推送到系统的渠道订单，另一种是手工创建的发货订单。两种订单都可以选择海外仓发货。

1. 订单处理

订单提交成功以后，则会在订单列表中显示。这里会显示所有的订单，异常订单等也可以在这里被查看并处理。图 6-27 所示为 B2C 订单列表页面。

图 6-27　B2C 订单列表页面

2. 订单状态

导入发货订单后，如果 ERP SKU 是手动输入的则会进入"未发货"状态，待人工审核后进入"已审核"状态；如果 ERP SKU 是自动输入的则会直接从"未发货"状态转入"已审核"状态。根据订单选择的仓库及发货方式进行分配，如果已经完成了分配，则会进入"已分配"状态；在信息被推送到仓库管理系统后即进入"已配货"状态。在前面的流程走完并没有产生订单异常的情况下，即表示仓库可以正常操作了，仓库发货完成后即进入"已发货"状态并回传 Tracking（货运追踪单号），表示订单"已完成"。

3. 订单信息编辑

遇到需要修改信息的订单，首先勾选订单，点击"重置订单"使订单返回"未发货"状态，在这个状态下点击"操作"—"编辑"进入订单明细页面，修改完成并确认订单信息无误后，点击订单明细页面右下角的"提交"，完成订单信息修改。图 6-28 所示为订单编辑页面。

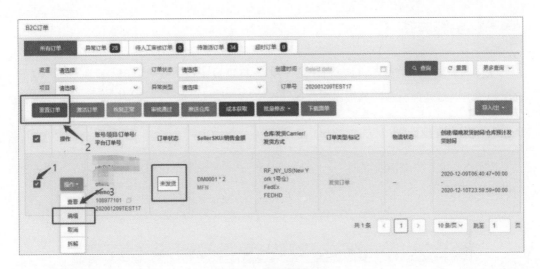

图 6-28　订单编辑页面

4. 订单取消

货物处在"已发货"之前的状态,包括未支付、未发货、已审核、已分配及已配货等状态,即在货物没有被仓库下架准备发出前,订单都可以被取消或重置。需要注意的是,在"已配货"状态下,如果在进行订单取消或重置时提示失败,就表示订单内的 ERP SKU 仓库已经开始处理,需要联系客户核实是否可以取消。取消订单后仓库会收取一笔取消订单的费用。图 6-29 所示为订单取消页面。

图 6-29　订单取消页面

6.3.7 销毁弃货

当客户需要仓库销毁不再售卖的产品时，需将销毁计划单推送到仓库管理系统，通知仓库销毁，随后仓库会按照调拨出库流程操作。

1. 创建销毁计划

按照"仓储"—"销毁管理"—"销毁计划"—"添加"路径创建销毁计划，如图6-30和图6-31所示。

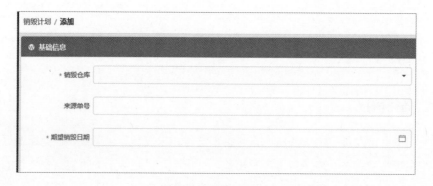

图6-30　销毁管理产品

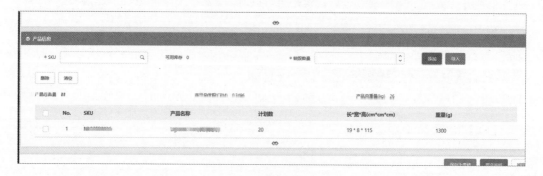

图6-31　提交审核

2. 查看、编辑、取消

对于状态为"草稿"和"审批拒回"状态的单据，可编辑单据信息，点击列表页"操作"—"编辑"进行操作即可。填写的信息都可编辑。

除"销毁中"、"已完成"和"已取消"状态外,其他状态都可进行取消操作。具体操作方法是,点击详情页"取消"按钮或点击列表页"操作"—"取消",填写取消原因。当单据状态变为"已取消"后,单据只可查看。

目前的海外仓系统,就其流程而言,基本相似,所以,如果能够熟练掌握本章中所介绍的海外仓操作内容,也就对整个操作流程、具体功能有一定的了解了,即使选用其他系统,也能够较快地上手操作。在操作过程中,应注意按照流程操作,并注意细节,尤其是在输入产品的尺寸和数量的时候,应该做到细致认真,一旦出错,就有可能造成损失。总体而言,海外仓目前已经是跨境电商业务中不可或缺的单元。

本章习题

一、名词解释

1. 海外仓
2. 头程物流

二、选择题

(单选)以下哪个选项不是海外仓的业务?(　　)

A. 入库　　　　　　B. 分拣　　　　　　C. 清关　　　　　　D. 打托

三、填空题

1. 如果目标市场遍布全美,那么海外仓应布设在_____、_____和_____区域。

2. 海外仓库内费用一般包含_____、_____、_____、_____、_____等。

四、简答题

1. 简述如何选择海外仓。
2. 简述海外仓的业务流程。

第 7 章

跨境电商物流
信息系统介绍

7.1　跨境电商物流信息系统概述

7.1.1　物流信息的定义

物流信息涵盖了所有与物流活动相关联的信息。这包括商品在包装、存储、分拣、装卸、运输等各个物流环节中生成的动态信息，以及为了支持物流系统运作而产生的静态信息。动态信息反映了物流过程中的实时变化，而静态信息则为物流系统提供了必要的运作框架和背景。

从狭义的角度来讲，物流信息来自物流活动的各个环节；从广义的角度来讲，物流信息来自与物流活动相关的基础设施、设备、管理、制度、政策等方面。

按照物流系统的功能要素来划分，物流信息包括采购信息、订货信息、包装信息、进货信息、分拣信息、库存信息、出货信息、装卸信息、运输信息、配送信息、逆向物流信息；按照物流活动的物质要素来划分，物流信息包括物流设施信息、装备信息、工具信息、耗材信息、财务信息等。

物流信息有多种存在形式，如文本、语音、图像、视频等。

物流信息在跨境电商活动中发挥着举足轻重的作用。在跨境电商活动中的商品采购环节，采购部门需要掌握更多的货源信息等，以便决定采取何种采购行为；运输部门需要知道货物量、货物规格、发货时间需求等信息，以便合理安排运输资源；仓储部门需要知道存储货物的相关信息及仓库利用情况等信息，以便更充分地利用仓库资源；客户需要知道货物的运送情况信息。在跨境电商活动中，不可缺少的还有与资金相关的信息，比如支付信息、结算信息、汇率等。

7.1.2　物流信息系统的定义

1. 信息系统

信息系统是一个用于收集、存储、加工处理、检索和传输数据的系统，旨在提供有用的信息。它主要以信息处理为核心目标，由硬件、软件、数据、人员和过程这五大要素组成。信息系统具备五个基本功能，分别是输入、存储、处理、输出和控制，以确保对信息的有效管理和使用。

主要的信息系统类型：战略型系统、管理型系统、作业型系统。

- 销售趋势分析系统、经营计划系统、预算计划系统等属于战略型系统。
- 销售管理系统、库存控制系统、任务分配系统、资源配置系统等属于管理型系统。
- 订单系统、运输系统、分拣系统等属于作业型系统。

2．物流信息系统

物流信息系统具有信息系统的所有属性。它是以客户服务信息化、操作信息化、管理信息化、决策信息化、协同作业信息化为目标，支持各级管理人员和各环节作业人员的物流活动的人机系统。

物流信息系统是物流系统的"心脏"，它在业务处理、管理控制、决策支持、制订战略计划这四个不同层次上支持物流活动。

物流信息系统通常包括订单管理子系统、采购管理子系统、销售管理子系统、包装管理子系统、仓储管理子系统、分拣子系统、运输管理子系统、配送管理子系统、财务管理子系统、客户管理子系统、规划子系统、决策子系统、战略计划子系统等。

7.1.3 跨境电商物流信息系统的意义

1．跨境电商物流的痛点和难点

我国的跨境电商物流的发展存在一些痛点和难点，主要体现在以下几个方面。

1）运输成本高、效率低

物流信息基础设施建设水平不高、体系不完善、信息不对称，导致运输效率低、运输成本居高不下。

2）跨境物流轨迹有断点，清关慢，易丢件

在现实操作中，由于各个国家信息化基础不同，受网络条件的限制，信息之间的互通互联缺乏连贯性，卖家难以完全掌握商品的即时物流信息，无法跟踪商品的即时状态。此外，若出现买家填写的地址信息有误，或者物流终端联系不到卖家的情况，则会增加丢件的可能性，甚至使买卖双方产生纠纷。

3）逆向物流成本高，买家购物体验差

买家对网购商品不满意或商品本身存在种种问题会引发退换货。虽然可以退换货，但由于跨境物流的周期较长，同时存在运费和清关等问题，因此退换货的经济成本和时间成本比较高。基于此，卖家甚至有时宁愿重新寄送商品，也不愿意经历退换货的流程。

2．跨境电商物流信息系统对于跨境电商物流的作用

跨境电商物流体系庞大，涉及的环节复杂，在物流过程中需要协调和适应多国的经济、政治及文化等，因此，跨境电商物流的信息化建设是十分必要的。跨境电商物流信息系统对于跨境电商物流的突出作用体现在以下五个方面。

1）有利于提升客户服务水平，以及运营和决策能力

通过信息对接的方式，跨境电商物流的参与方可以及时看到订单的状态。通过物流信息链的全程打通，跨境电商物流能实现全程信息可追踪、对库存的监控，以及对运输配载的支持、对异常订单的及时拦截处理、及时止损等目的。

2）有利于提升企业的国际知名度

利用跨境电商物流信息系统可以更好地开拓海外市场，为企业创造更广阔的发展空间，为企业塑造品牌、提升知名度提供有效手段和渠道。

3）有利于推动产业结构升级

跨境电商的发展可带动物流配送、电子支付等电子信息服务的发展。国内有许多的电商企业、物流企业、第三方支付企业正在加速发展，通过加强合作，完善服务体系，可带动产业结构优化升级。

4）有利于构建企业核心竞争力

随着物联网、大数据、人工智能、5G、区块链等现代信息技术的兴起，信息引领对于物流企业的发展具有重要的战略意义。

5）有利于推动建立智慧物流体系

智慧物流信息所构建的物流体系意味着可以更好地整合国内外物流资源，更加高效、更加安全，成本更低，服务更优。

7.1.4 跨境电商物流信息系统的基本功能

图 7-1 跨境电商物流信息系统的基本功能

随着经济的发展、社会的进步，以及人们的需求越来越多样化，跨境电商物流信息系统的基本功能也在不断扩展。综合来看，跨境电商物流信息系统具有 10 个基本功能，如图 7-1 所示。这些基本功能不是相互割裂的，而是既相互关联又相互制约的，作为一个体系融入跨境电商物流的方方面面。

1．采购管理

采购管理是指通过电商交易平台挑选货源并完成与供应商洽谈、订货、配送等一系列操作，对跨境采购流程进行组织、控制与监管。采购管理的目标是找到适当的货源，即以适当的价格、适当的送货方式获取所需数量的商品。

采购管理的主要功能包括采购商品信息管理、采购渠道管理、采购价格管理、供应商管理、采购招标管理等。

我国跨境电商采购仍存在采购渠道受限、库存周转效率不高等问题。采购管理系统的作用在于：通过商品采购流程的标准化、规范化，提高采购的执行效率；通过对采购信息的跟踪、挖掘与可视化，保证采购商品的质量、降低采购成本、规避风险；通过与采购的内外部各方协同，实现高效的处理效率和快速敏捷的响应，最终提高整体供应链的运行质量、效率和效益。

2．销售管理

销售管理是指对借助跨境电商物流信息系统对销售全过程进行组织与监管。销售管理的主要任务是评估卖家自身条件与战略规划，从而确定销售目标；综合商品成本及市场环境，以确定销售价格；准确识别销售订单信息，跟踪销售过程中的每个环节，用有效的方式在销售过程中与客户沟通；用合理的方式组织已售出商品的退换货，最终达成整个销售流程的高效与稳定。

销售管理的主要功能包括销售商品管理、销售人员管理、销售订单管理、销售价格管理、销售客户管理、销售退换货管理等。

3．订单管理

订单管理涉及跟踪客户订单、实时监控订单状态、更新订单信息的过程，使订单管理更加动态化和规范化，旨在提高工作效率和提升企业的竞争力。订单管理的主要功能包括订单新增、订单审核、订单查询、订单修改、订单处理、订单资料输出、订单跟踪、售后处理、策略设置等。

根据用途划分，订单类型包括采购订单、销售订单、商品订单、支付订单、物流订单、派送订单、退货订单、中转订单、换标订单等；根据交易形态划分，订单类型包括一般交易订单、间接交易订单、现销式交易订单、合约式交易订单。跨境电商物流的复杂性和广泛性决定了平台订单所涉及信息的范围非常广，比如包装、名称等商品信息，商品价格、运费等资金信息，以及配送方式、商品流转时间等物流信息。可见，整合并管理订单信息至关重要。订单管理可以与商品物流同步，实时观察商品的付款状态、发货状态、是否异常等，从而帮助企业实现高效管理。

4．仓储管理

仓储管理是指对从将商品存放进仓库，并进行一系列存储和保管活动，到商品的出库这一过程，进行全程的监控与管理（包括商品的入库、分拣、存放、出库、装卸等）。仓储管理可分为商品管理、库存管理、结算管理等。其中，商品管理主要实现商品的信息管理，商品的入库、保管和出库，以及特殊品库管理；库存管理主要实现库存查询、库存统计、调拨通知、库存预警、补货通知、库存对账等。

仓储成本占物流成本的一大部分，不同的商品由于其特性的不同，所要求的仓储条件、仓储时间也不一样。科学的仓储管理不仅可以满足供应链上下游的需求，还可以使相关人员及时了解供求状态，从而降低仓储成本、创造时间效用，以获得利润的第二来源。

5．包装管理

包装管理是指在跨境物流中规划、管理、监督商品的包装，避免商品在长途运输中被损坏。包装能反映企业形象，直接关系到买家对某笔交易的满意度。

包装管理的主要作用是根据商品的属性及特征选择合适的包装材料。进行包装管理，要兼顾存储的方便性、装卸的轻便性、运输效率、包装成本等方面。具体来讲，一是要选择最适合的包装方式，以保证商品在运输过程中不被损坏（考虑装卸过程中的操作难度、便捷性和效率）；二是要关注包装和运输的成本；三是要注意确认商品是否需要特殊的包装方式，以及是否有具体的贴标要求等问题。

常见的跨境电商物流包装材料有泡沫箱、胶纸、气柱袋、瓦楞纸箱、气泡信封、气泡膜、珍珠棉、木架等。

6. 运输管理

《物流术语》（GB/T 18354—2021）中对"运输"的解释为"利用载运工具、设施设备及人力等运力资源，使货物在较大空间上产生位置移动的活动"。运输管理就是指对商品从出库到被送至目的地的整个运输过程进行管理。运输管理的主要任务是选择合适的运输方式、合理的运输资源、优化的运输路线，从而将商品安全地运输至目的地。常见的运输方式包括铁路运输、公路运输、水路运输、管道运输等。

进行运输管理，应该做到尽量减少运输时间，同时节约运输成本，并且保证运输过程中商品不被损坏。

7. 商检报关管理

商检报关管理是指对进出口的商品进行检验，看是否符合规定标准，并在海关办理进出口手续，进行相关事务的登记。商检报关管理是国际贸易活动中的重要一环。

商检报关管理的主要任务是实现对商品进出口活动的监督和管理，保证商品符合各项对外贸易的政策规定，从而避免意外的发生。

8. 配送管理

《物流术语》（GB/T 18354—2021）对"配送"一词做出如下定义："根据客户要求，对物品进行分类、拣选、集货、包装、组配等作业，并按时送达指定地点的物流活动。"人们通常将货物量大且移动范围大的场景，称为运输，而将货物量小且移动范围较小的场景，称为配送。

配送管理的主要任务是结合客户的需求，综合考虑商品目的地、运输时间、运输工具等，合理规划路线，实现资源的合理配置。科学的配送管理可以实现配送资源的合理配置，提升配送效率和客户服务质量。

9．逆向物流管理

《物流术语》（GB/T 18354—2021）对"逆向物流"的定义："为恢复物品价值、循环利用或合理处置，对原材料、零部件、在制品及产成品从供应链下游节点向上游节点反向流动，或按特定的渠道或方式归集到指定地点所进行的物流活动"。在逆向物流管理的过程中，要把握好对原材料及中间商品的再回收，实现对物料的利用与商品的再利用，这样不仅能实现经济效益的最大化，也能保护环境、节约资源，践行可持续发展理念。

逆向物流管理的主要功能有物料替代、商品回收、退换货成本估算等。

逆向物流可分为两类：一是回收物流，指对不合格商品进行回收与处理；二是废弃物物流，指对失去原有价值的商品重新进行加工、包装。

10．财务管理

财务管理是指对企业现金流的一系列管理活动。财务管理的主要任务有预算管理、成本费用管理、利润管理、资产/资金管理、合规管理。

综上所述，跨境电商物流信息系统是跨境电商的重要组成部分。跨境电商物流信息系统的 10 个基本功能既相互独立又彼此依存，它们作为一个整体可以促进跨境电商物流的发展。同时，智能化设备和前沿技术可以进一步加速跨境电商物流的数字化升级改造，最终达到提升客户体验和服务质量，提升运行效率及降低运行成本的目标。

7.1.5　跨境电商物流信息系统的特点

与传统物流信息系统相比，跨境电商物流信息系统具有以下特征。

1．广泛性

跨境电商物流信息系统是一个涉及领域非常广的综合系统，如交通运输、货运代理、仓储管理、流通加工、配送、营销策划等。

2．复杂性

跨境电商物流信息系统是一个开放、复杂的系统。影响其发展的内外部因素多、不确定性大，同时商品种类的多样性也增加了系统的复杂性。

3．动态性

跨境电商物流信息系统是一个连接供需双方的系统，需要根据供需双方需求的变化及外部环境的变化进行持续的调整和优化。

7.2　跨境电商物流信息系统构建

7.2.1　跨境电商物流信息系统构建原则

构建跨境电商物流信息系统可以实现合理配置人力、物力、财力等资源，物流、资金流、信息流等高效运作，从而实现企业效益最大化。跨境电商物流信息系统的构建需要遵循一定的原则。

1．系统性原则

在构建跨境电商物流信息系统时，企业对构成系统的各个要素进行系统分析、综合考虑，进而获得最优方案。

从跨境电商物流信息系统内部来说，其自身又包含了若干子系统，如运输管理子系统、仓储管理子系统、信息子系统、监管子系统等，各子系统之间相互制约、相互促进。

从跨境电商物流信息系统的外部来说，其必然与区域内的其他系统相互影响、相互作用，因此，在构建时只有综合考虑与其他系统之间的关系，才能保证整体效果最优。

2．可行性原则

可行性原则是指在构建跨境电商物流信息系统时需要确保其满足相应的约束条件，无论是技术上还是经济上都要具有可行性。可行性原则主要包括以下三个方面。

技术可行性：企业是否具有将目标转化为成果的相应技术。

资金可行性：无论是技术的实现，还是设备的更新，抑或是人才的聘请，都需要有足够的经济资源，企业要计算能否承担系统开发的高成本。

人员可行性：各岗位是否有相匹配的人员，是否需要对人员进行培训等。

只有对上述三个方面的关键因素进行充分考虑，才能保证信息化建设的顺利开展，实现既定目标。

3. 经济性原则

经济性原则：企业的最终目的是盈利，因此在耗费大量资金建设跨境电商物流信息系统时要思考成本与利益是否能成正比。在开发、测试、维护跨境电商物流信息系统时，企业不仅需要以信息化建设为目标，而且需要保持整个过程中的经济效益最大化，尽量节省整个过程中的资金消耗，减少不必要的管理费用支出，实现节约资源，化繁为简，节省成本。

4. 社会效益原则

社会效益原则：在构建跨境电商物流信息系统时不仅要考虑经济性原则，还要关注系统对环境的污染、土地资源的可持续利用等问题。

5. 客户服务驱动原则

客户服务驱动原则是指从客户的视角看问题，提高客户的感知度。企业要有系统性的构建思路：识别客户的服务需求—定义客户服务目标—构建跨境电商物流系统。只有以客户满意度为目标，实现客户优先，提高客户服务质量，才能准确实现企业的战略发展目标。

6. 灵活性原则

物流领域本身就处在一个高速发展的时代，无论是技术的发展，还是市场需求的变化，都处在不断的变化发展之中。因此，对跨境电商物流信息系统的构建需要满足灵活性原则，即采用适合的系统架构，不断对系统功能进行调整与升级，让跨境电商物流信息系统满足企业发展的需要。

7. 效率性原则

跨境电商物流信息系统的构建过程和系统能力要符合效率性原则。构建过程主要包括三个方面：一是要有准确的识别能力，当有问题抛出时，系统能迅速识别并给出相应的解决方案；二是系统要具备一定的数据处理能力，对于各类数据，要能准确识别、记录并进行分析；三是系统要具备一定的反应能力，当操作人员给出相应的指示时，系统要能迅速反应并给出反馈。

8. 规范化原则

跨境电商物流信息系统的构建遵循必要的规范和标准，将系统工程方法恰当地运用到跨境电商物流信息系统的设计中。

9. 可持续性原则

可持续性原则是指跨境电商物流信息系统的构建应建立在可持续发展的前提下。

7.2.2 跨境电商物流信息系统构建过程

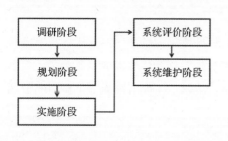

图 7-2 跨境电商物流信息系统的构建过程

为了保证跨境电商物流信息系统的构建效率和质量，企业在构建时应按照一定的流程，采取一定的方法。跨境电商物流信息系统的构建遵循了物流信息系统的构建逻辑，其阶段划分如图 7-2 所示。

1. 调研阶段

在系统开发初期，企业需要对政治、经济、技术、市场等多个方面的情况进行充分调研。了解各国的政治、经济环境有利于企业调整战略规划，维持外部环境的稳定；分析技术发展情况有利于企业确定信息化建设目标；把握市场风向是为了分析消费者的消费偏好、消费趋势，为企业盈利提供业务上的可行性。调研为正式构建跨境电商物流信息系统打下基础。

2．规划阶段

企业在这一阶段需要合理统筹规划，准确评估自身的核心竞争力，同时借鉴其他物流信息系统构建原则及构成要素，最终确定跨境电商物流信息系统的目标。企业在这一阶段的任务包括制定企业的信息化战略规划、确认系统建设目标、确定各项任务的优先级。

3．实施阶段

企业应制订具体实施计划，以资源分配效益最大化为原则合理配置资源，向各个岗位分配人力、物力、财力。企业在跨境电商物流信息系统实施阶段的主要任务如下。

1）硬件采购

企业需要购置让系统顺利运行的各种硬件，如电源、主板、中央处理器、硬盘等，保证系统的正常运行。在采购硬件过程中，企业需要结合自身的实际情况，对资金进行可行性分析，减少浪费，保证对资源的合理利用。

2）软件配置

企业需要安装有利于系统运行的各种软件，如各种系统软件和应用软件等，从而便于操作人员操作和管理计算机。

3）软件设计与开发

企业应针对业务需求进行软件的设计与开发。

4）系统测试

系统测试的目的是检验系统的运行是否顺利，以及软硬件配置是否合理。企业通过系统测试可以发现当前软件设计存在的问题，以及各种功能能否实现，从而有效改善系统。

5）人员培训

企业需要对信息系统的相关操作人员进行培训，保证相关操作人员了解各自的职能、清楚业务流程、熟悉操作方法，进而应对系统风险。这样有利于相关操作人员提高工作效率，保证系统的运行，也有利于相关操作人员就操作时发现的问题进行解决。

4．系统评价阶段

为了不断优化与改善跨境电商物流信息系统，企业需要确定评价指标，对跨境电商物流信息系统进行定期评估。企业应以体系化的思维方式设计跨境电商物流信息系统的评价指标，这样有助于企业找到系统存在的问题，并提出解决方案，从而不断优化和完善系统。

5. 系统维护阶段

由于跨境电商物流信息系统在长期使用过程中会发生一些损耗，因此企业需要定期组织人员进行系统维护。系统维护的目的是记录系统的运行情况，维护系统的日常性能，分析当前系统的优劣，为下一阶段的升级改造或替代做好准备。系统维护的内容包括对硬件的维护和对软件的升级优化等。

跨境电商物流信息系统案例分析

本节以"中国邮政跨境电商综合信息服务平台"（以下简称"邮政综合信息服务平台"）为例介绍跨境电商物流信息系统的构建。

1. 项目背景

国家出台了鼓励跨境电商发展的相关政策：加大出口退税支持力度，解决跨境贸易电子商务出口通关限制，推进市场采购贸易发展；便利居民海外购物，实现进口散件阳光纳税。

海关总署制定了跨境电商出口按"清单核放，汇总申报"执行标准，进口按"整进、散出、集报"执行标准。

2. 项目目标

邮政综合信息服务平台将与电商平台、支付平台、海关商检、运输渠道及仓储企业等系统对接，实现跨境电商物流信息的全程可视、可溯、可控的总体目标。系统建设内容主要包括如下三个方面。

（1）建立海关商检直接审批、间接监管的平台。

（2）以境内、境外电商平台的订单为基础，搭建与客户、供应商、合作伙伴的协同作业平台，满足下单、运输、清关、跟踪查询、结算、统计分析等一体化的管理要求。

（3）为国内客户提供海外仓、运输及配送等国际物流服务。

3. 系统功能划分

通过对系统建设目标和内容的分析，邮政综合信息服务平台的功能划分结果如下。

- 出口业务管理,包括企业、商品备案信息管理,业务进度跟踪,备案匹配,汇总申报,完税与结汇管理,退换货管理等。
- 进口业务管理,包括企业、商品备案信息管理,进仓与进境申报,订单管理,业务进度跟踪,退换货管理等。
- 海关管理,包括企业、商品备案审核,进出口放行,进口海关商检查验处理,账册管理等。
- 配置管理,包括企业、承运商、报关公司等管理,属地口岸配置等。
- 接口管理,包括出口接口管理、进口接口管理、标准接口管理等。
- 海外仓管理,包括订单管理、出入库管理、品类管理、业务模式配置、结算管理等。
- 发运管理,包括线路配置、资费计算、航运在线发运、邮件全程信息查询、对账结算等。

邮政综合信息服务平台的整体功能结构如图 7-3 所示。

图 7-3 邮政综合信息服务平台的整体功能结构

4. 系统实施

根据该项目的特点,项目生命周期模型为瀑布模型,可划分为五个阶段,即需求分析、概要设计、详细设计、编码与调试、集成测试与系统测试。

邮政综合信息服务平台的技术架构如图 7-4 所示。平台软件采用"Spring + Struts + Hibernate"典型技术构建 B/S 架构、Web 服务器（基于 Linux 操作系统的 Web 服务器，将 Tomcat 7 作为应用服务器）和数据库服务器（Oracle 11G）部署，底层采用最新的虚拟化技术，并通过服务颗粒化和面向服务的技术进行构建。

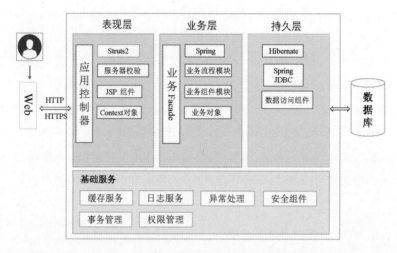

图 7-4　邮政综合信息服务平台的技术架构

5. 项目价值

邮政综合信息服务平台的建设，提高了通关效率，提升了商家对业务运营的可控性，使商家专注于销售，促进了外贸行业的健康、规范化发展。

7.3　海外仓物流信息系统

7.3.1　海外仓物流信息系统概述

1. 海外仓物流信息系统的业务逻辑

海外仓是跨境电商的产物，适用于跨境 B2C、B2B 业务。在海外仓模式下，卖家先把商品存储在境外买家所在国的仓库，然后根据当地的销售订单，在当地仓库直接进行分拣、包装和配送。

海外仓模式解决了跨境物流时效差、周转时间长等问题，但是在信息化建设尚不完善的今天，海外仓仍然存在库存积压、商品滞销等风险。在这样的背景下，企业迫切需要建立一套海外仓物流信息系统，从而提升海外仓物流的智能化水平，提高海外仓物流配送效率，增强企业的核心竞争力。

这里以第三方海外仓头程中转入库的仓配一体服务模式为例介绍海外仓物流信息系统的功能。该模式是指头程由境内物流企业提供服务，由第三方海外仓提供境外的入境后运输至仓库、仓储及对接当地配送等服务。

海外仓物流信息系统包括以下三个主要业务流程。

1）商品的头程运输及海外仓存储

环节一：补货请求与境内集货，即卖家发起补货请求，将创建的入库单信息推送给国内的集货仓（中转仓）；商品在集货仓中经预检查、贴标和装箱打板等处理；集货仓的入库单被推送给海外仓的订单管理系统；集货仓完成订舱、报关等相关流程。

环节二：商品完成报关后从国内通过海运、空运、陆运或多式联运等方式被运送至目的地国家或地区，在完成入境清关后，通过海外仓的境外运输系统进入境外仓库，仓库完成质检、入库、上架等操作。

2）商品的本地配送

买家在跨境电商平台下单；卖家确认订单，并将订单上传给海外仓订单管理系统；系统确认订单后将订单推送给海外仓仓储管理系统；海外仓仓储管理系统完成商品的下架、分拣、包装、称重等操作；商品出库后通过本地物流被送到买家手中；海外仓运输管理系统将运单信息同步给海外仓订单管理系统及跨境电商平台，直到买家签收。

3）买家退货

买家在跨境电商平台发起退货请求；卖家在跨境电商平台上确认退货请求；海外仓订单管理系统接收到退货单后将其推送给海外仓订单管理系统及海外仓仓储管理系统；通过海外仓运输管理系统将退件送达海外仓库；仓库完成退货的接收和上架等。

2．海外仓物流信息系统的主要功能

海外仓物流信息系统是对海外仓的各种基本业务和增值业务进行综合管理的一个平台，能有效协同卖家与境外买家之间的各项需求，整合境内外物流信息，并根据跨境电商平台的订单要求迅速做出反应，对商品进行分拣、派送。

除了订单管理、仓储管理、运输管理等基本功能，海外仓物流信息系统还具有一些特殊功能，具体如下。

1）备货管理

海外仓备货需要卖家进行大量的数据分析与预测，海外仓物流信息系统中的商品出入库信息是管理层做出决策的重要依据。这些信息直接反映了海外仓所在地的消费偏好与消费趋势。管理层可以根据这些信息把控海外仓库的库存量，制订销售计划、营销计划等，合理备货，保证销售的连续性。

2）发货管理

买家在跨境电商平台下单后，订单管理系统会更新订单状态，并将订单信息反馈给仓储管理系统，仓库对相关商品进行分拣和包装，并委托物流将商品运送至买家手中。

3）补货管理

海外仓采取提前备货的形式，时常会因为商品库存短缺或商品破损出现库存不足的情况，如果库存不足的情况长期存在，就会影响商品销售，破坏企业信誉。因此，卖家需要根据实际情况对缺货商品进行补货。常见的补货规则如下。

（1）按天数补货。

卖家基于对市场的判断，会根据经验计算出日均消耗量，并据此设置每次补货的间隔，如每 3 天补一次货。

（2）按预警值补货。

卖家可以对库存量设置一个预警值，当库存量低于该预警值时，系统就自动发出补货建议。

（3）动态补货。

动态补货指基于商品的实际销售情况，在保证商品不断货的前提下保证商品的库存处于一个合理的水平，即按照实际情况进行不断调整。

（4）智能补货。

智能补货指系统根据库存容量、头程运输时间、中转时间、商品销售数量等信息自行计算补货逻辑，并将信息反馈给商家或供应商进行补货。

4）退货管理

对于退货订单，系统中有专门的模块进行记录。对于没有受损的商品，系统会及时反馈给卖家，将商品重新贴标销售；对于已经受损的商品，系统会联系相关人员提供商品维修服务，或者联系物流将商品运回国内（如果商品受损较严重且为低值易耗品，那么卖家往往选择销毁商品，以降低仓储费用及管理费用）。海外仓物流信息系统能够条理清晰地处理退货商品，减少退货造成的损失。

5）滞销品管理

市场的不确定性，以及目标国政治、经济的不稳定性带来的风险，有可能造成商品滞销，出现库存积压，这样会产生额外的仓储费用和管理费用。针对这样的情况，海外仓物流信息系统可以做到如下几个方面。

（1）预测风险。

根据系统中记录的商品供求关系、市场需求变化等信息，海外仓物流信息系统可以预测可能出现的商品滞销风险。

（2）尽量避免风险。

海外仓物流信息系统中准确记录了各商品的出入库信息，提高了管理能力，尽可能帮助卖家降低滞销风险。

（3）有效应对风险。

当出现商品滞销时，海外仓物流信息系统可以帮助卖家拓宽销售渠道、联系海外仓分销平台，或者在经济效益最大化的前提下有选择地销毁一些商品，从而将损失降到最低。

（4）合理防范风险。

系统应该建立一套防范风险的机制，当预期的销售速度与实际的销售速度有较大出入时，及时将当前的库存容量、销售信息反馈给管理层，由管理层下达命令，做出相应调整，及时防范风险。

6）财务管理

海外仓的运营涉及多项费用，除了基本的成本，海外仓的仓储费用、赔付费用等也是构成成本的一大部分，这些费用会影响卖家的利润。一个成熟的海外仓物流信息系统应当具备财务管理功能。系统除了要记录每一笔现金的流入流出，还要具备智能化处理财务信息的能力，如费用结算、成本收入分析、利润可视化等。

3. 海外仓物流信息系统的特点

1）实时性

买家在跨境电商平台下单后，海外仓物流信息系统可以及时收到信息，将商品快速从海外仓库发货。这样缩短了送达买家手中的时间，在一定程度上解决了跨境电商物流的时效差、成本高等问题。

2）协同性

海外仓物流信息系统实现了国内订单信息与国外仓储管理的高效协同，能更加快速、高效地将商品配送至买家手中，有利于提高买家的满意度，减少买家的退换货等问题。

3）数字化

海外仓物流信息系统提供多项数字化服务，比如为管理层提供可视化服务，实时将仓位信息展示给仓库管理人员，以便其掌握各仓位的实时状态等，同时也为仓库管理人员进行数据分析、数据挖掘提供了条件，从而帮助卖家通过数字化管理增强核心竞争力。

4）网络化

海外仓物流信息系统将不同地理位置的买卖双方联系在一起，允许信息共享，这样卖家能够及时掌握物流信息，有助于降低物流成本，提高商品的周转率。

5）智能化

海外仓涉及多个环节，其配送与仓储之间的费用较多，因此需要合理统筹规划，以使效益最大化。例如，海外仓的配送，需要经过头程运输、仓储管理、尾程运输等多个环节。那么，如何计划各个环节的路线，选择怎样的方式将货物运输至目的地，这些都要经过大量的计算与分析，人工难以选出最优方案。这时就可以通过海外仓物流信息系统，根据货物价值、货物特点、路途远近等，智能化选出最优方案，从而节省人力、物力，优化企业管理。

6）自动化

随着信息技术的智能高效，海外仓物流信息系统可以自动进行多项事务的处理，实现多渠道销售、多平台订单统一管理、自动跟踪订单状态等。

7.3.2 海外仓订单管理系统

海外仓订单管理系统（Ordering Management System，OMS）以订单作为服务对象，主要任务是处理订单信息，及时记录订单状态，并按照订单信息进行发货、补货。

1．海外仓订单管理系统的功能

1）订单管理

海外仓订单管理系统可以及时将订单信息反馈给用户，跟踪订单状态，包括新增订单、未发货订单、已发货订单等。对于新增订单，海外仓订单管理系统需要准确记录订单信息、及时更新订单需求；对于未发货订单，需要及时将信息反馈给仓库，提醒发货；对于已发货订单，需要跟踪物流信息，确保货物安全到达目的地。当库存不足时，海外仓订单管理系统会及时反馈给管理人员，管理人员再按照实际需求和库存容量向海外仓库补货。

2）供应商管理

卖家通过海外仓订单管理系统可以准确了解各供应商的信息，以及和供应商的合作关系，使供应商信息（包括记录与供应商的历史交易、供应商信誉评级、供应商风险评级、供应商比价管理等）更加透明、清晰。当有新的采购需求时，卖家可以通过海外仓订单管理系统迅速找到合适的供应商进行合作。

3）库存管理

海外仓的一大优势就是可以直接从目标国家当地发货，从而解决跨境物流时效差的问题，因此要保证海外仓库的库存能够满足订单的需要。海外仓订单管理系统可实现实时监控库存容量，分类别、分批次管理商品，并对库存容量设置一个预警值，当库存容量不足或快要不足时，及时将库存信息反馈给管理人员，提醒其补货。

4）销售费用管理

销售费用管理是指将订单与订单价格一一对应，及时记录卖家的现金流变化。海外仓订单管理系统可以准确记录、跟踪及预测销售信息，从而帮助卖家提高销售能力，优化销售服务，带来总体利润的提升。

5）订单查询功能

买家在下单之后，可以直接通过海外仓订单系统实时跟踪物流状态，无论是头程货代还是尾程配送，都可以直接通过系统查询，而不用询问客服，更加方便快捷。

2．海外仓订单管理系统的优势

（1）海外仓订单管理系统帮助卖家动态掌握订单的实时状况，提高了订单处理效率。

（2）海外仓订单管理系统具有自动处理订单的功能，高效又便捷，减少了人工重复劳动，为企业降低了运营成本。

（3）通过海外仓订单管理系统，买卖双方共享订单信息，信息更加清晰、透明。

7.3.3 海外仓仓储管理系统

海外仓仓储管理系统（Warehouse Management System，WMS）是针对仓库的仓储业务而设立的系统，能够满足企业的仓储需求，主要包含三个基本流程，即拣货、补货和仓储。海外仓仓储管理系统通常还会和海外仓订单管理系统、海外仓运输管理系统相互衔接，以确保上下游流程的完整性。

1．海外仓仓储管理系统的主要功能

1）仓位管理

仓位管理是指分类别记录仓位信息。仓库的类别有原材料仓库、成品仓库、普通仓库、高档品仓库、特殊品仓库等。对于各个仓位，海外仓仓储管理系统会准确记录其仓位编号、仓位空间、仓位容量、仓位存储要求，以便管理人员进行仓位信息的查询，以及商品的入库管理。同时，每个仓位具备可视化管理功能，使管理人员可以直观地了解仓位的实时状态。这样，当有相应的需求时，管理人员可以迅速定位到满足需求的仓位，迅速分配资源。

2）库存管理

库存管理是指定期对库存商品进行盘点。对库存商品进行盘点，一是为了满足日常的经营所需，看商品是否有盘盈盘亏的情况，确保日常管理的合理性；二是为了确认库存商品的质量，查看是否有保管上的失误造成的商品损耗等；三是为了判断哪类商品畅销，以及哪类商品比较短缺，合理分析当下的市场需求，以此确定某类商品的库存数量是多还是少，再由管理人员判断是否需要向海外仓库补货。

3）出入库管理

出入库管理是指根据调拨单信息记录商品的入库信息及出库信息，并进行实时跟踪。先进先出是仓储管理的准则之一，这样能在保证商品质量的同时减少资源浪费、降低仓储成本。

4）补货管理

仓库内的补货作业指的是将商品从存储区转移到拣货区这一过程。海外仓仓储管理系统可以监测拣货区的物流状态和分析拣货区的补货需求，支持自动补货和手动补货。

5）商品质量管理

商品质量管理指对仓库内的商品定期进行质量抽检，以保证商品的质量，减少商品因质量问题而发生的退换货问题。海外仓仓储管理系统需要记录商品最近一次抽检的质量信息、最近一次的抽检时间，以及同批次商品的质量状况等。特别是一些特殊行业的商品，如食品、医疗用品等，都有规定的保质期，因此系统要对上述信息进行准确记录，以减轻人工检查的负担。

6）库存异常管理

针对仓库内商品出现的一些异常情况，如入库丢件、库内商品破损、包装受损、物流停运等，海外仓仓储管理系统应该及时记录，并将信息反馈给管理层，由管理层做出相应决策。

2. 海外仓仓储管理系统的优势

（1）仓储的自动化：可以帮助企业优化存储空间，提高仓储作业的效率，最大限度减少人力、物力，节省仓储成本。

（2）仓储的严谨性：实时监测、定期检查，可以降低商品受损的概率，有效减少退换货问题。

（3）仓储的智能化：可以准确记录库存商品的各项信息，检查各种异常情况，从而提高管理质量。

7.3.4 海外仓运输管理系统

海外仓运输管理系统（Transportation Management System，TMS）的主要任务是制订运输计划、调度运输资源、将商品安全地运输至目的地。

1. 海外仓运输管理系统的功能

1）承运商管理

企业要选择合适的承运商。海外仓运输管理系统可以记录当前合作的承运商信息，熟悉承运商业务，这样在每次发送商品时能够根据路线、价格等信息选择合适的承运商。

2）运输信息管理

运输信息涵盖运输过程中的方方面面，包括出发地、目的地、车辆信息、路线信息、道路受阻信息、货物信息等，有利于企业进行运输过程管理。

3）调度管理

调度管理是指对运输过程中的运输资源进行合理调度，合理安排人力、物力。

4）配送路线管理

将商品运送至目的地也需要考虑经济效益的最大化，以节省企业开支。海外仓运输管理系统可以根据距离远近、道路状况选出最佳配送路线。

5）车辆定位管理

车辆定位管理是指根据 GPS 定位等技术，实时跟踪车辆位置，记录车辆行驶状态，并将物流状态提供给买家。如果车辆在行驶途中发生意外，那么海外仓运输管理系统能及时将情况反馈给管理人员，以便采取临时运输方案。

2．海外仓运输管理系统的优势

（1）企业能够实时跟踪物流状态，及时将商品送达目的地。

（2）企业能够与承运商共享信息，方便管理人员进行管理。

（3）企业能够智能化选择最佳运输方案，节省运输成本，提高运输效率。

订单管理、仓储管理、运输管理三个流程相互衔接，各环节数据互传、信息共享。买家在平台上下单后，海外仓订单管理系统会记录下订单信息，并将信息反馈给海外仓仓储管理系统；海外仓仓储管理系统会查询订单相关商品的库存信息，如果有库存，就会发出拣货单，等待商品拣货；待拣货完成，海外仓订单管理系统会更新订单状态，显示订单拣货完成，同时将信息反馈给海外仓运输管理系统；海外仓运输管理系统进行商品的配送；当买家收到货并确认后，海外仓订单管理系统会更新订单信息，显示订单已完成。

7.3.5 海外仓财务管理系统

海外仓财务管理系统（Financial Management System，FMS）主要解决的是海外仓物流过程中的费用结算相关问题。

1. 海外仓财务管理系统的主要功能

1）多样化收费管理

海外仓财务管理系统具有头程运输、出入库等多种收费模式。

2）账目管理

海外仓财务管理系统可以记录每次商品出库、入库的账目信息，有利于企业对资金进行管控。

3）费用结算管理

海外仓财务管理系统可以记录订单管理、仓储管理、运输管理等业务中的成本与收入，满足了跨业务的统一结算需求。

4）财务管理

海外仓财务管理系统可以直观显示海外仓业务的现金流变化，记录成本与利润。

2. 海外仓财务管理系统的优势

（1）保证了财务流程的规范化、标准化。

（2）通过系统进行收入和成本的核算更加清晰、透明，减少了人工核算的出错概率。

本章习题

一、名词解释

物流信息

二、选择题

1．（单选）以下哪项不属于主要的物流信息系统类型？（　　　）

A．存储系统　　　　B．战略型系统　　　C．管理型系统　　　D．作业型系统

2．（多选）跨境电商物流的痛点和难点有（　　　）。

A．运输成本高　　　　　　　　　　B．跨境物流轨迹有断点，清关慢

C．逆向物流成本高　　　　　　　　D．本地配送效率高

三、填空题

1. 信息系统是一个用于收集、存储、加工处理、检索和传输数据的系统，旨在提供有用的信息。它主要以信息处理为核心目标，由硬件、软件、数据、人员和过程这五大要素组成。它有五个基本功能：_____、_____、_____、_____和_____。

2. 与传统物流信息系统相比，跨境电商物流信息系统具有_____、_____、_____三个特征。

四、简答题

1. 跨境电商物流信息系统对于跨境电商物流的突出作用体现在哪五个方面？

2. 构建跨境电商物流信息系统可以实现合理配置人力、物力、财力等资源，物流、资金流、信息流等高效运作，从而实现企业效益最大化。跨境电商物流信息系统的构建需要遵循一定的原则。其中，要遵循的经济性原则是什么？

第 8 章

跨境电商物流技术

8.1 条形码

8.1.1 条形码技术概述

（1）条形码：亦被称为条码，是一系列按照特定编码规则排列的具有不同宽度的多个条纹和空白所构成的图形符号，用于表示包含数字、字母或特殊字符的信息。

按照条码的长度，条码可分为定长条码和非定长条码；按照排列方式，条码可分为连续型条码和非连续型条码；按照校验方式，条码可分为自校验条码和非自校验条码。

（2）码制：条码符号的类型。每种条码符号都是由符合某个编码规则的条和空组合而成的。对于每种码制来说，它的编码容量和表达的字符集都是固定不变的。

（3）字符集：某种条码对应表达的数字、字母和符号的集合。

（4）条码密度：单位长度条码所能表示条码字符的个数。条纹密度越大，需要识读设备所具有的分辨率就越高。

（5）条形码技术：融合了编码、印刷、光识别、电子解码、数据采集和处理等多种技术的一个产物。

（6）标准化组织与标准。

1973 年成立的美国统一代码委员会和 1977 年成立的欧洲物品编码协会于 2002 年 11 月合并，成立了全球标准化组织，并开始在全球范围内推广统一标准。中国物品编码中心和中国条码技术与应用协会是国内的条码相关组织。中国物品编码中心制定的有关条码标准有：《商品条码》（GB 12904—2003）、《条码术语》（GB/T 12905—2000）、《信息技术 自动识别和数据采集技术 条码符号规范 三九条码》（GB/T 12908 2002）等。

8.1.2 一维条码

一维条码是由一组规则排列的条纹、空白及相应的字符组成的标记，这些条纹和空白组成的数据表达了一定的信息，并能够被特定的设备识别，转换成与计算机兼容的二进制和十进制信息。

一维条码通常由左侧空白区、起始符、数据符、校验符、终止符、右侧空白区六部分组成。一维条码通常只在水平方向上表达信息，在垂直方向不表达任何信息，数据容量小，一般只包含字母和数字，条码尺寸较大，空间利用率较低，一旦损坏就不能被识别了。

常见的一维条码有 EAN 码（一种商品用条码）、39 码、交叉 25 码、UPC 码（通用产品代码）、128 码、93 码、ISBN（国际标准书号）码及库德巴（Codabar）码等。

一维条码识读的工作原理：由光源发出的光线经过光学系统照射到条码符号上，被反射回来的光经过光学系统成像在光电转化器上，产生的电信号经过放大后产生模拟电压，再经过滤波、整形，形成对应的方波信号，经过译码器解释后输出数字信号。译码器通过测量脉冲数字电信号 0、1 的数目来判别条纹和空白的数目，通过测量 0、1 信号持续的时间来判别条纹和空白的宽度，根据对应的编码规则（如 128 码）将条形符号转换成相应的数字、字符信息。

8.1.3　二维码

二维码是一种以 0 和 1 组成的数字矩阵，通过在水平方向和垂直方向上按照特定规律排列的黑白几何图形来记录数据信息的图形符号。二维码作为目前一种常见的溯源方法，具有信息容量大、译码可靠性高、纠错能力强、防伪性能好、保密性强、制作成本低等特点。二维码分为两类：一类是行排式二维码（又叫堆积式二维码/层排式二维码），另一类是矩阵式二维码。常见的二维条码有 PDF417、Data Matrix、Maxi Code、QR 码等。

识别二维码的基本原理如下：

- 通过图像采集设备得到二维码的图像；
- 条码定位，即找到条码符号的图像区域；
- 条码分割，即纠正边界后得到一个完整的条码区域；
- 解码，即进行网格采样（首先根据阈值确定是深色块还是浅色块，用二进制的 1 表示深色，0 表示浅色，从而得到二进制序列值；然后进行纠错和译码；最后根据条码的逻辑编码规则转换成数据码字）。

8.1.4　商品条码

目前在贸易项目中使用的部分商品条码有 UPC-A 条码、UPC-E 条码、EAN-8 条码、

EAN-13 条码和 ITF-14 条码，在其他领域更加广泛使用的是 EAN/UCC-128 条码。

EAN/UCC 条码标识系统是在商品条码的基础上发展起来的，它是通过对商品、货运单元、资产、位置与服务的唯一标识，对全球的多行业供应链进行有效管理的一套开放式的国际标准。EAN/UCC 条码标识系统包含三部分：编码体系、可自动识别的数据载体和电子数据交换标准协议。该系统包含了贸易项目条码、物流单元条码、物流信息属性条码、位置码、资产条码、服务标识条码等。图 8-1 所示为物流包装编码标识示例，图 8-2 所示为全球服务关系条码示例。

图 8-1　物流包装编码标识示例

图 8-2　全球服务关系条码示例

8.1.5　条形码应用

条形码技术具有可靠性强、效率高、成本低、易于制作、构造简单、使用灵活等特点，因此，在零售、仓储管理、医疗、图书馆、银行等领域中得到了广泛的应用。QR 码的主要应用领域有汽车、物流、手机营销、商业等，Data Matrix 的主要应用领域有航空航天、电子、汽车行业、一般物流用途、文档管理应用程序、邮政服务、医疗/健康行业，PDF417的主要应用领域有物流、汽车、运输系统（如运送标签）、识别（如驾照、护照）和文件管理。

利用条形码可以实现跨境电商物流中对要素的标识。在生产制造环节，可以用条形码标识原材料、设备、人员等，为供应端的溯源提供信息基础；在包装环节，可以用全球贸易代码+产品附加属性代码的组合方式实现"一物一码""一品一码"，提高包装的信息化水平；在仓储环节，可以采用全球参与方代码+产品附加属性代码的组合方式，为实现出入库的自动化管理提供支持；在物流运输环节，可以采用系列货运包装箱代码实现以箱为单位的货物标识，将条形码作为信息载体，实现高效的物流信息传递。

8.2　物流信息分类与编码

8.2.1　信息分类

信息分类是将拥有相似属性或特征的信息集中到一起，并将不共享这些属性或特征的信息予以区分的过程。信息分类有助于提高信息检索的效率与准确性，同时也便于信息的管理和应用。

信息分类通常遵循科学性、系统性、可扩展性、兼容性、综合适用性等原则。科学性要求选择的属性或特征具有良好的稳定性；系统性要求属性与特征的设计是从整体出发、兼顾系统内外对象、相互联系的；可扩展性要求增加新的事物时，不会打破已建立的分类体系；兼容性要求分类标准与相关的国家标准、行业标准的内容协调一致；综合适用性是以满足系统整体目标和要求为前提的，尽量满足系统局部的目标和需求，从而达到系统最优。

信息分类需要按照一定的方法进行。信息分类的方法有三种：线分类法、面分类法和混合法。例如，中华人民共和国行政区划代码采用的是线分类法，代码分为三个层级，每一层级用两位数字码表示，第一层级为省（自治区、直辖市），第二级为地区（市、州、盟），第三级为县（县级市、旗、镇、区）。再如，身份证采用了面分类法，整个编码分为三段，第一段表达了空间定位，第二段表达了出生日期，第三段表达了办证顺序、性别等信息。

8.2.2　信息编码

信息在分类的基础上，需要进行编码，形成代码，以便计算机和人进行识别和处理。代码具有唯一标识、分类、排序等功能。在编码时，通常遵循唯一性、可扩展性、简短、适应性、识别性、规范性和可操作性等原则。按照代码的功能，信息编码方法分为无含义代码和有含义代码。常见的无含义代码有顺序码、无序码；常见的有含义代码有序列顺序码、数值化字母顺序码、层次码、特征组合码、复合码和镶嵌式组合码。

信息分类与编码标准化在信息化建设中的作用主要体现在如下几个方面。

- 是企业信息化的基础和管理依据。
- 有利于实现信息的共享和系统间的互操作。
- 可减少数据变换、转移所需的时间和成本。
- 有利于提升数据的准确性。
- 有利于提高信息的处理速度。

信息分类编码系统设计的流程如下。

- 确定系统目标。
- 业务和数据的现状调研。
- 行业对标、分析、借鉴。
- 制定编码规则。
- 建立编码系统。
- 验证与完善。
- 发布实施。

8.2.3 物流信息分类编码标准

物流信息根据物流活动的特性可以划分为六类：物流对象、物流基础设施、物流作业节点、物流作业主体、物流单证和物流信息。

将物流分类信息的编码以标准的形式发布，就构成了物流信息分类编码标准。该标准的意义在于支撑物流信息的交换便利性、数据兼容性与信息共享。我国已经发布了基础标准、业务标准、相关标准三个大类的几十个信息分类编码标准，其中业务标准包括物品分类编码标准、参与方分类编码标准、位置分类编码标准、运输分类编码标准、单证分类编码标准、时间和计量分类编码标准。

关于跨境电商物流信息分类的标准有《跨境电子商务交易类产品多语种分类与命名 鞋》（GB/T 39464—2020）。

8.3 射频识别技术

8.3.1 射频识别介绍

射频识别（Radio Frequency Identification，RFID），又被称为无线射频识别，主要用来为各种物品建立唯一的身份标识，是物联网的重要支持技术。

EAN/UCC 条码标识系统只解决了商流和物流的信息管理问题，而射频识别可以实现透明的跟踪、供应链全链条的过程管理。

射频识别系统通常由射频标签、射频识别读写器和计算机网络三部分组成。射频标签是数据的载体，负责存储数据；射频识别读写器负责读写数据；计算机网络负责数据通信。

实施 RFID 标准可以解决信息编码、通信、空中接口和数据共享等问题，从而更好地促进射频识别技术的广泛应用。目前，从国际标准化组织到国家与地方的很多组织都参与到 RFID 相关标准的研制中。

8.3.2 射频标签分类

1. 按其射频识别读写器有无电池电源分类

（1）有源标签：作用距离远，有源标签与射频识别读写器之间的距离可以是几十米，甚至是上百米。

（2）无源标签：体积小、重量轻、成本低、寿命长、免维护，可以应用于不同的环境。

2. 按射频标签的读写方式分类

（1）只读型标签。

（2）读写型标签。

3. 按射频标签工作频率分类

（1）低频标签：低频标签典型的工作频率为 125kHz～134.2kHz。

（2）高频标签：高频标签常见的工作频率为 13.56MHz，其工作原理与低频标签基本相同，为无源标签。

（3）超高频标签：超高频标签的工作频率为 860MHz～960MHz，不同国家使用的标准不尽相同。

（4）微波标签。

4．按工作距离分类

（1）远程标签。

（2）近程标签。

（3）超近程标签。

5．按计算能力分类

（1）普通标签。

（2）使用对称密钥的标签。

（3）使用非对称密钥的标签。

8.3.3　射频标签的工作方式

射频标签的工作方式有两种。

一种是读写器通过发射天线发送特定频率的射频信号；当电子标签进入射频信号所处的工作区域时产生感应电流，获得能量的电子标签被激活；电子标签将自身编号信息通过内置射频天线发送出去；读写器的接收天线接收到从电子标签发送来的调制信号，经天线调节器传送到读写器信号处理模块；解码后的信息被发送到后端系统。

另一种是由射频标签主动发送某一频率的信号，读写器接收信号并解码后，信息被送至后端系统。

8.3.4　射频识别技术的特点

1．可靠性和耐用性

- 射频标签与读写器之间在不接触的情况下进行读写，避免了由于接触所造成的不良读写操作；防水、防磁、耐高温，即使环境恶劣也不会对标签的读写产生影响。

- 标签表面没有裸露的芯片，不用担心芯片的脱落、弯曲损坏等问题，使用寿命较长。

2．快速性与方便性

射频识别技术适合在读写距离从几厘米到几十米的短距离的批量读写，读写器与标签无须接触，可以从标签的任意方向进行读写，可同时多目标识别。

3．数据记忆容量大

一维条形码的最大容量是 50B，二维条形码的最大容量是 1108B，射频标签的最大容量可有数兆字节。

4．高安全性

射频标签存储的数据经过秘密保护后，使数据不易被伪造和更改。

5．可重复使用

射频标签存储的数据可以被反复增加、修改和删除，因此，可以重复使用。

6．多样的封装方式

射频标签的外形具有小型化和多样化的特点，方便嵌入物品或被粘贴在物品上，有多种封装方式，使用方便。

8.3.5　射频识别技术 EPC 标准与 GS1 体系的融合与应用

EPC（Electronic Product Code，电子产品代码）技术是由美国麻省理工学院的 Auto-ID 中心开发的，旨在通过射频识别、无线数据通信、互联网等技术，构造一个全球物品信息实时共享的物联网，EPC 系统被评价为给供应链管理带来了一场革命。全球第一商贸标准化组织 GS1 成立了 EPCglobal，由其负责 EPC 技术的全球推广与实施工作。EPC 系统包括三个部分，如表 8-1 所示。

表 8-1　EPC 系统构成

系统构成	系统名称	注释
全球产品电子代码编码体系	EPC 编码标准	识别目标的特定代码
射频识别系统	EPC 标签	贴在物品上
	识读器	识读 EPC 标签
信息网络系统	Savant 系统	EPC 系统的管理软件，其功能包括数据校对、识读器协调、数据传输、数据存储和任务管理
	对象名称解析服务	ONS，指明存储产品的服务器
	实体标记语言	PML，描述产品信息的计算机语言

注：ONS 的全称是"Object Name Service"，直译为"对象名称服务"，是 EPCglobal 网络架构的一部分；PML 的全称是"Physical Markup Language"，直译为"物理标记语言"，是一种基于 XML（可扩展标记语言）的格式，用于描述与 EPC 标签相关的物理对象的数据。

8.3.6　射频识别技术应用

射频识别技术起源于军事通信，在军事物流中起到了重要的作用，1985 年射频识别技术进入商业领域，并得到了广泛应用。

目前，射频识别技术已经被广泛应用到制造、物流、零售、交通等领域，该技术被公认为 21 世纪最具发展潜力的信息技术之一，是自动识别行业的一场技术革命。射频标签在供应链管理、仓储管理、配送中心管理等流转环节的应用极大地提升了商品流通速度。

1．商品的追踪能力

利用射频标签可以实现对商品物流信息的追踪，这样企业可以提供更好的客户服务、提升生产效率、保证安全运输，以及基于商品供应情况做出战略决策等。

2．仓储管理

利用射频标签可以实现快速入库与出库、准确判断货物的位置、快速盘点、管控库存、自动结算等，从而提高物流管理的透明度和库存周转率，有效减少缺货损失，提高企业内的物流效率。

3．产品的防伪

使用带加密功能的射频标签可以实现品牌商品的防伪、生产和流通中的防盗，以及身份识别，如身份证、电子票证等。

8.4　电子数据交换

电子数据交换（Electronic Data Interchange，EDI）的定义由联合国欧洲经济委员会贸易程序简化工作组（UN/ECE/WP.4）从技术上给出：将商业或行政事务处理按照国际标准，形成结构化的事务处理或业务数据格式，并通过计算机到计算机的电子传输方法进行交换。

EDI 报文标准、计算机网络、计算机软件和硬件构成了 EDI 系统，可实现企业间的信息交流。在 EDI 系统中，交换的信息单元被称为邮包。接收者获得的全部信息（包括交换的邮包）被看作语义完整的语义单元。语义单元的生产者和消费者被称为 EDI 的终端用户。

EDI 标准化是 EDI 系统互联互通的前提和基础。EDI 标准包括 EDI 网络通信标准、EDI 处理标准、EDI 联系标准和 EDI 语义语法标准等。已有的 EDI 报文标准有 ANSI ASC X12、EANCOM、UN/EDIFACT、HIPAA 等，EDI 通信方式包括 AS2、OFTP、SFTP、FTP 等。

EDI 具有以下特点。

- 采用统一标准编制数据信息。
- 采用电子方式传递和处理数据。
- EDI 的使用对象主要是各种组织，如企业、非营利性组织和其他类型的组织。
- EDI 传送的资料为一般业务资料，如订单、发票等。
- EDI 使用的数据通信网络一般是增值网络、专用网。

EDI 的实现过程：发送方将相关数据进行抽取、生成平面文件、翻译成标准 EDI 报文、发送 EDI 信件，EDI 信件被接收、拆开并被翻译成平面文件，平面文件被传给接收方信息系统等。该过程会因应用系统和外部网络环境的差异而有所不同。

EDI 主要应用在运输、外贸、银行等领域，其主要作用在于：减少了纸张的浪费；减少了大量重复劳动，提高了企业的工作效率、降低了运作成本，使沟通更快、更准；使单证被快速交换和自动处理；简化了采购程序、减少了营运资金及存货量、改善了现金流动情况等；提高了客服的响应速度，从而提高了管理和服务质量。

EDI 提高了交易双方信息的传输效率，降低了物流成本，如有效减少库存、快速报检。在物流 EDI 系统中，不同类型企业对报文的功能需求是不同的，具体如下。

- 物流公司：生成并发送采购进货单、退货单、询价单给供应商，接收供应商发送的出货单。
- 供应商：接收发送来的采购进货单、退货单、询价单，生成并发送报价单给客户，同时生成并发送出货单给物流公司。
- 运输商：接收托运单，生成出货单并发送给物流公司。

8.5 全球定位系统

全球定位系统（Global Positioning System，GPS），一个中距离圆形轨道卫星导航系统。该系统由美国政府于 20 世纪 70 年代开始研制，于 1994 年建成，是具有在海、陆、空进行全方位实时三维导航与定位能力的新一代卫星导航与定位系统。GPS 包括三个部分：GPS 卫星星座、地面监控系统、GPS 信号接收机。GPS 信号分为标准定位服务（Standard Positioning Service，SPS）和精密定位服务（Precise Positioning Service，PSS）两类。

GPS 有如下六个特点。

- 全天候工作，不受任何天气的影响。
- 定位范围广。
- 定位精度高。
- 可移动定位。
- 快速、省时、高效率。
- 应用广泛，多功能。

GPS 具有定位功能及其衍生功能，如运动导航、轨迹记录、周边信息查询等，广泛应用于交通、通信、电力、金融、国防、IT、测量、农业等领域。

随着我国物流业的快速发展，对车辆、货物和人员的定位跟踪管理和合理调度对于现代物流的高效管理至关重要，GPS 成为有效的解决方案之一。为了实现定位和跟踪功能，

GPS 必须具备 GPS 终端、传输网络和监控平台三个要素。GPS 可以帮助企业实现快速的实时定位，管控资源的历史轨迹，管控资源的位置分布，预先设定运输最佳线路，进行指挥调度等。

8.6　地理信息系统

地理信息系统（Geographic Information System，GIS），是以测绘测量为基础，以数据库为数据存储和管理的核心资源，并利用计算机技术和软件平台进行全球空间分析的技术。地理信息系统涵盖了地理学、地图学、遥感和计算机科学等学科，是描述、存储、分析和输出空间信息的理论和方法的交叉学科。

地理信息系统的组成如下。

- 空间数据，包括地理数据、属性数据、几何数据和时间数据等。
- 系统硬件，由基本外设、处理设备和输出设备构成。
- 系统软件，包括操作系统、数据库软件和图形平台等。
- 用户，包括使用系统的用户，以及负责系统创建、维护和管理的用户。

地理信息系统的功能如下。

- 数据采集与编辑。
- 属性数据编辑与分析。
- 制图功能。
- 空间数据库管理。
- 空间分析。
- 拓扑空间查询。
- 缓冲区分析。
- 重叠分析。
- 空间几何分析。
- 地学分析。
- 数字高程模型的建立。
- 地形分析。

地理信息系统基础软件平台的代表产品如下。

国外产品：

- ArcGIS。
- GeoMedia。
- MapInfo。
- Idrisi。

国内产品：

- SuperMap。
- MapGIS。
- GeoStar。

地理信息系统是一项面向 21 世纪关系到国家综合竞争力的高新技术，已经成为基础设施、利国之重器，在全球大量协作的趋势下，85%以上的决策与空间位置相关，因此，地理信息系统及其产业化的发展日益受到各个国家的关注。目前，地理信息系统与物联网、大数据、虚拟现实和人工智能技术深度融合，为地理信息系统带来了新的发展空间。地理信息系统广泛应用于资源调查、国土管理、城市规划、交通运输、军事安全、公共设施管理、农林牧业、商业金融等几乎所有领域。

地理信息系统在物流行业中的典型应用如下。

- 选址分析/网络规划：根据区域地理环境的特点，综合考虑市场潜力、交通条件、环境影响、政策条件、竞争对手等因素，在区域范围内选择物流节点的最佳位置。
- 资源管控与线路优化：利用 Web、GIS、GPS、GPRS 等技术，实现实时监控车辆位置、根据交通状况实时调度、进行客户分布分析、计算最佳运输线路等。

8.7 自动分拣系统

分拣作业是指根据配送计划或订单需求，从存储位置或特定区域迅速而精确地挑选商品（货物），并依照既定方法进行归类和整合的作业过程。

分拣系统是将多个来源的、随机的、不同取向的商品（货物），按照一定要求进行分类的一种搬运系统。分拣系统可以分为两种：自动分拣系统和半自动分拣系统。

自动分拣系统一般由控制装置、自动识别装置、输送装置（具有运送功能）、分类装置、分拣格口（通常是指皮带、滚筒组成的滑道，可使货物滑向集货区域，最后入库或组配装车）等组成。自动识别装置通过条形码扫描、色码扫描、重量检测及形状识别等方式，将分拣要求传给控制装置；控制装置完成分拣信号的识别、接收和处理，根据信号控制分类装置和输送装置执行相应的操作；分类装置接受来自控制装置的指令，改变货物的运行方向，使其进入正确的分拣格口。

1. 自动分拣系统的基本工作流程

（1）商品通过多条运输线合并到一条输送线上，即进入分拣系统。

（2）扫描并识别商品条形码标签，获取分拣信息。

（3）根据分拣信息，将商品送到指定的分拣格口，从分流滑道排出。

2. 自动分拣系统的特点

（1）分拣处理能力较大。

（2）分拣商品类别多。

（3）对商品外包装、尺寸等有较高的识别和处理能力，能够适应多样化的商品特性。

整体上来讲，自动分拣系统能够提高分拣效率，减少人工成本，并确保分拣的准确性。

3. 分拣信号的输入方式

（1）键盘输入。

（2）声音识别输入。

（3）通过激光扫描器扫描条形码输入。

（4）通过光学文字读取装置输入。

快递行业常用的分拣机有小件分拣机、双层分拣机、摆轮矩阵分拣机、转向轮分拣机与窄带分拣机，如图 8-3～图 8-7 所示。

图 8-3　小件分拣机

图 8-4　双层分拣机　　　　　　　　　图 8-5　摆轮矩阵分拣机

图 8-6　转向轮分拣机　　　　　　　　图 8-7　窄带分拣机

8.8　无人配送

随着网络消费逐渐成为主流的消费方式。我国快递业持续高速发展，2023 年我国快递业务量累计完成 1320.7 亿件，末端配送需求与日俱增，无人配送市场需求大。无人配送不仅可以降本增效，还能缓解劳动力短缺问题，因此，无人配送已经成为现代邮政快递服务、培育智能服务的新增长点。无人机、无人车和配送机器人等形态的无人配送工具得到了广泛的应用。

美团、京东、阿里巴巴等国内互联网巨头在 2016 年前后开始布局无人配送的研发。2017 年 12 月，美团第一代自动配送车"小袋"诞生；2020 年 2 月，京东无人配送车在武汉投入使用；2020 年 9 月，达摩院院长张建锋在云栖大会发布物流机器人"小蛮驴"。2021 年，美团加大包括在无人车、无人机配送等领域前沿技术的投入。2022 年，自动驾驶公司 Nuro 宣布与比亚迪联合研发设计第三代无人配送车。

《"十四五"数字经济发展规划》《"十四五"现代综合交通运输体系发展规划》《"十四五"城乡社区服务体系建设规划》《交通领域科技创新中长期发展规划纲要(2021—2035 年)》《"十四五"交通领域科技创新规划》等多项发展规划将无人配送纳入其中,长期性发展方向更加明确。

自动识别技术、存储技术、网络传输技术、智能导航技术、自动跟踪技术和线路规划技术是支撑物流配送无人化的关键技术。无人配送技术架构、技术模型、无人示范等也成为无人配送核心技术的主要研究方向。集成了高精度定位、感知、行为预测、仿真、智能网联等多种核心技术的智能快递车实现了 L4 级别自动驾驶,正在为物流运输的"最后一公里"提供基础运力服务。

8.9 运筹学

运筹学是一种科学决策的方法,利用统计学、数学模型和算法,在给定目标和条件下从多个方案中选择最优/近似方案的优化技术。运筹学模型主要是通过数学模型来描述研究对象的。

运筹学是在科学方法论的指导下通过一系列规范化的步骤进行的。运筹学主张用系统的观点来分析问题,并将分析结果用于指导实际系统的运行。因此,运筹学具有科学性、系统性和实践性。

运筹学的研究步骤为定义问题和获取数据、建立数学模型、求解模型、验证和评价模型,以及实施模型的解。

运筹学的分支主要有数学规划(线性规划、非线性规划、整数规划、目标规划、动态规划、随机规划)、图论与网络、排队论、存储论、对策论、决策论、可靠性理论、搜索论、博弈论等。

在物流管理中,数学规划通常被用来解决资源利用问题、运输问题、人员指派问题、配载问题等。

8.10　第五代移动通信技术

第五代移动通信技术（5th Generation Mobile Communication Technology，5G）具有高速率、低时延和大连接等特点。5G 通信设施是实现人、机、物互联的网络基础设施。5G 是随着爆炸性的移动数据流量增长、海量设备连接、各种新业务和应用场景的涌现而出现的。

借助 5G 得天独厚的技术优势，物流领域也呈现出更多的智能场景和智能应用。在货物入库环节，可接入 5G 网络的虚拟现实扫描监控设备，实时将入库信息反馈给终端，方便过程管控；在货物盘点环节接入 5G 网络，可实现货物线上线下实时清算、智能搜索、按期归类等高效盘点作业；在出库环节利用 5G 网络的可靠性、低时延、高速传输、海量接入等特性，可为自动导向车实时规划路线和为堆垛机布局提供计算环境。京东发布了 Loir（络谜）5G 智能物流平台，形成了以 5G+物联网+人工智能为底层核心的 5G 智能物流应用开放体系；圆通构建了 5G 超级机器人分拨中心，解决了传统 Wi-Fi 的局限性所带来的问题，提升了物流仓库整体的运行效率和稳定性。

本章习题

一、名词解释

1. 条形码

2. 二维码

二、选择题

1.（多选）条形码技术融合了以下哪些技术？（　　　）

A. 编码　　　　　　　　　　　　B. 印刷

C. 光识别　　　　　　　　　　　D. 电子解码

2.（多选）目前在贸易项目中使用的部分商品条码有（　　　）。

A. UPC-A 条码　　　B. UPC-E 条码　　　C. EAN-8 条码　　　D. EAN-13 条码

三、填空题

根据物流活动的特性，物流信息可划分为_____、_____、_____、_____、_____、_____六类。

四、简答题

1. 什么是信息分类？
2. 什么是分拣作业？

第 9 章

新兴数字技术与跨境电商物流

在激烈的竞争中，整个物流行业会朝着 IT 智能化的方向发展。越来越多的物流企业开始使用 IT 系统，包括 TMS 系统和 WMS 系统。尽管最初采用的是标准化的 SaaS 版本，但随着业务规模的扩大，许多企业开始组建自己的 IT 团队，以开发定制的系统。头部的那些大型物流企业早已 IT 化。未来，它们会进一步智能化：可能是硬件智能化，比如仓储的智能拣货机器人；也可能是软件智能化，比如根据淡旺季和客户规模进行智能定价。本章将介绍新兴数字技术及其在跨境电商物流中的应用。

9.1　大数据技术

9.1.1　大数据技术概述

大数据技术指的是应用于大数据处理和分析的技术，包括各种大数据平台、大数据指标体系，以及与大数据应用相关的技术。在大数据处理中，最有价值的部分是预测分析，它可以帮助数据科学家通过数据挖掘更好地理解数据，如数据可视化、统计模式识别和数据描述，并根据数据挖掘结果做出预测决策。

大数据处理的工作环节包括几个核心步骤：大数据采集、大数据预处理、大数据存储与管理、大数据分析与挖掘，以及大数据可视化与应用。

在信息爆炸的时代，物流企业每天都会产生海量的数据。整个物流过程中（包括运输、仓储、装卸、配送、包装、加工等环节）每个环节的信息流量都非常庞大，对此，物流企业难以及时、准确地处理。然而，随着大数据时代的到来，大数据技术可以通过建设数据中心提取隐藏在数据背后的信息价值，为物流企业提供有益的帮助并带来利润。

麦肯锡全球研究院指出，大数据是一种规模大到在获取、存储、管理和分析方面大大超出传统数据库软件工具能力范围的数据集合，具有海量的数据规模、快速的数据流转、多样的数据类型和低价值密度四大特征。

传统的软件已经无法处理和挖掘海量数据中的信息。谷歌 2003 年发表了分布式文件系统 GFS，2004 年推出了大数据分布式计算框架 MapReduce，2006 年发布了非关系型数据库系统 BigTable，谷歌的这"三驾马车"带来了关键性的突破，成为大数据技术的基石。

大数据技术可以分为三大类：大数据处理技术、大数据分析技术和大数据可视化技术。有效利用大数据能够提升人力、物力等资源配置的科学性与合理性，从而降低企业运营成本。

大数据技术在物流行业发挥着如下重要作用。

（1）使企业及时掌握运营情况。在整合每个环节的海量数据的基础上，企业可运用大数据分析技术挖掘并产生有价值的信息，根据运营情况进行及时调整。

（2）实现企业内部作业的智能化管理。例如，企业通过对从 OMS 中拉取的订单数据进行实时分析，能够根据后续各个路向邮件的收寄、封发、运输、航空运力等需求实行动态调配。再如，在存储环节，企业可利用大数据技术整合仓储资源，优化仓库布局和货物分拣；在配送环节，企业可利用大数据技术对货、车、人进行有效整合，优化配送线路，提升配送的及时性。

（3）帮助企业做出正确的决策。企业可通过大数据技术分析对经营风险进行科学管控，做出正确的决策。例如，利用大数据技术分析消费需求、需求的变化趋势、竞品的业务数据、仓库存量、客户购买心理、运输成本、管理成本等。

（4）为客户提供更好的服务体验。例如，企业可通过大数据技术对客户进行个性化行为分析，从而为客户提供个性化服务，这样有利于增强客户的黏性。

9.1.2　物流企业应用大数据技术的优势

面对海量数据，物流企业不能只将大数据技术作为一种信息技术进行数据挖掘和分析，而应不断加大对大数据技术的投入，将大数据技术作为一种战略资源，充分利用大数据技术为物流企业带来发展红利，在战略规划、商业模式、人力资本等方面实现多方位布局。

1. 信息对接，帮助物流企业掌握运营情况

在信息化时代，网购规模空前巨大且不断增长。这加重了网购后的物流负担，也增加了各环节对信息的需求。每个物流环节产生的数据都是海量的，传统的数据收集与分析处理方式已经不能满足物流企业对每个环节的信息需求。因此，需要通过大数据技术把信息对接起来，将每个环节分散、海量的数据进行收集、整合，并通过数据中心进行分析、处理，最终将其转化为有价值的信息，帮助物流企业掌握整体运营情况。

2．提供依据，帮助物流企业做出正确的决策

传统的根据市场调研和个人经验来进行决策已经不能适应这个时代，只有真实的、海量的数据才能真正反映市场的需求变化。通过对市场数据进行收集、分析、处理，物流企业可以了解到具体的业务运作情况，可以明确判断哪些业务带来的利润率高、增长快等，从而把主要精力放在真正能够给企业带来高额利润的业务上，避免无端浪费。对于那些不能给企业带来高额利润的业务，物流企业通过掌握的实时数据可以随时对其进行调整，确保每个业务都可以带来利润，从而实现高效运营。

3．培养客户黏性，防止客户流失

网购客户越来越重视对物流服务的体验感，希望物流企业能够提供好的服务，甚至希望能够掌控配送过程中的所有信息。这就需要物流企业以数据中心为支撑，通过对数据进行挖掘和分析，合理地运用分析成果巩固和客户之间的关系，增强客户对自己的信赖，培养客户黏性。

4．通过数据"加工"实现数据"增值"

在物流企业运营的每个环节中，只有一小部分结构化数据是可以直接用来分析利用的，对于绝大部分非结构化数据，企业必须将其转化为结构化数据才能进行存储、分析。因此，并非所有数据都是准确有效的，很多数据都是延迟的、无效的，甚至是错误的。物流企业的数据中心必须对这些数据进行"加工"，从中挖掘出有价值的信息，实现数据的"增值"。

9.1.3　大数据技术在物流企业中的具体应用

目前物流企业逐步进入数字化发展阶段，物流企业之间的竞争逐渐发展为数据的竞争。大数据技术使物流企业能够针对每一位客户提供有针对性甚至定制化的服务，从而颠覆整个物流行业的运营模式。目前，大数据技术在物流企业中的应用主要体现在以下几个方面。

1. 市场预测

一种商品进入市场后不会一直保持高销量，而会随着客户行为和需求的变化而不断变化。过去，人们总是通过问卷调查和经验来寻找客户。而最终呈现的调查结果往往是过时的。过时的调查结果只会导致管理者对市场需求做出错误的判断和决策。大数据技术可以通过收集并分析客户行为和需求信息，以真实、有效的数据反映市场需求的变化。这不仅可以预测商品进入市场后各个阶段的情况，还能帮助物流企业适时控制库存和安排运输计划。

2. 物流中心的选址

在物流中心选址的过程中，物流企业需要综合考虑经营环境、基础设施状况、自然环境等因素。对于物流企业要实现的成本最小化这个目标，传统的方法因大多不实际而无法被采用。这就需要物流企业利用大数据分析方法——根据不同的需求选择合适的算法，以获得最高收益。

3. 优化配送路线

优化配送路线是一个典型的非线性规划问题，一直影响着物流企业的配送效率和配送成本。物流企业利用大数据技术来分析商品的特性、规格及客户的各种需求（时间和金钱），以便以最快的速度响应这些影响配送方案的因素，确定最合理的配送路线。此外，物流企业还可以通过配送过程中产生的实时数据快速分析配送路线沿线的交通状况，对事故多发路段进行预警。物流企业通过准确分析整个配送过程的信息使配送管理智能化，从而提高信息化水平和可预见性。

4. 仓库储位优化

合理地安排商品存储位置对于仓库利用率和搬运分拣的效率有着极为重要的意义。对于商品数量多、出货频率高的物流中心，储位优化就意味着提高工作效率和效益。对于哪些商品存放在一起可以提高分拣率，哪些商品的存储时间较短，物流企业都可以通过大数据的关联模式法来分析得出。

9.2　物联网

物联网，是通过诸如红外感应器、全球定位系统和激光扫描器等信息传感设备，依据特定协议，将各类物品与互联网相连，进行信息的交换与通信，以实现物品的智能识别、定位、追踪、监控和管理的网络。

1995 年，比尔·盖茨在《未来之路》一书中提出了未来的发展方向就是物的互联网；1999 年，美国麻省理工学院 Auto-ID 中心首次提出了物联网的概念。

物联网的发展分为四个阶段：第一个阶段是大型机和主机的联网；第二个阶段是台式机和笔记本电脑与互联网的连接；第三个阶段是手机等移动设备的互联；第四个阶段是嵌入式互联网的兴起，如各种专业设备和应用设备的联网。物联网的发展将彻底改变人们的生活方式。

与互联网相比，物联网具有如下三个特征。

- 物联网中存在各种感知技术的广泛应用。系统不断地接收和更新来自传感器定时发出的数据。
- 物联网是一种建立在互联网上的泛在网络。为保证数据传输的正确性和及时性，物联网需适应各种异构网络和协议。
- 物联网可以对物体进行智能控制，即利用云计算、模式识别等多种智能技术，对传感器采集到的海量信息进行数据挖掘，从而实现物联网的智能处理。

物联网体系主要由三个层次组成：感知层（感知控制层）、网络层和应用层。感知层完成物联网应用的数据采集与设备控制。感知层包括条码标签、识读器、扫描器、摄像头、传统传感器、智能传感器等设备。常见的传感器包括温度传感器、压力传感器、湿度传感器、光电传感器等。网络层又称传输层，包括接入层、汇聚层和核心交换层，网络层是建立在移动网络和互联网基础之上的。应用层又分为管理服务层和行业应用层。

刘贤亮和周志丹针对跨境电商进口商品中存在的商品溯源问题，构建了基于"区块链+物联网"技术，以跨境电商平台为主导的跨境电商进口商品信息追溯模型，为构建更安全的跨境交易环境提供了一种解决方案。

9.3 云计算

云计算是指通过网络以按需、易扩展的方式获得所需的资源（硬件、软件），其是一种计算机基础设施的交付和使用模式。提供资源的网络被称为"云"。

云计算的概念始于 2007 年年末。2008 年 2 月，《美国商业周刊》发表的《Google 及其云智慧》开篇提到："这项全新的远大战略旨在把强大得超乎想象的计算能力分布到众人手中。"文章发表后，云计算开始受到广泛关注。云计算是并行计算、软件技术和网络技术发展的结晶，受到市场需求的共同推动。

云计算涵盖了八个方面：IaaS（基础设施即服务）、PaaS（平台即服务）、SaaS、云安全、云质量、云标准、云运维和云运营。其中 IaaS、PaaS 和 SaaS 构成了云计算系统的基础技术架构，而余下的五个方面则为云计算系统的全面运作提供了保障。云计算为智慧物流提供了坚实的基础设施，以及无限的演进空间。

云计算具有规模超大、虚拟化、高可靠性、通用性、高可扩展性、按需服务性和成本极其低廉等特性。云服务模式主要有三种：公共云、私有云和混合云。在服务类型上，云计算通常可以分为三大类：IaaS 提供运行和开发应用所需的软硬件基础设施，PaaS 提供应用开发和运营管理的平台，SaaS 提供可直接使用的完整应用。

亚马逊是云计算领域的领先企业，以亚马逊弹性计算云为核心构建的亚马逊云计算服务开创了 IaaS 计算模式。亚马逊云计算服务提供了一组服务，包括存储、计算能力、消息传递、数据集等，企业用户可以在几分钟内快速获得一个基于亚马逊的虚拟基础。

9.4 人工智能

9.4.1 人工智能概述

人工智能（Artificial Intelligence，AI）是计算机学科的一个分支，作为 21 世纪三大尖端科技之一，它是研究、开发用于模拟、延伸和扩展人的智能的理论、方法、技术及应用系统的一门技术科学。

人工智能的诞生可以追溯到 1956 年，在美国达特茅斯学院召开的一个关于"如何用机器模拟人的智能"的研讨会上，约翰·麦卡锡等与会者认为，计算机可以像人类一样学习、记忆、思考、判断和解决问题。在这次会议上，人工智能这门学科诞生。

人工智能主要包括以下几个关键技术。

1．机器学习

机器学习是一门多领域交叉学科，主要研究通过数据或以往的经验自动改进的计算机算法，是人工智能的核心技术。

2．知识图谱

知识图谱的概念是谷歌于 2012 年 5 月正式提出的，本质上是一种揭示实体之间关系的语义网络。实际上，知识图谱并不是一个全新的概念，早在 2006 年就有文献提出了语义网络的概念，而知识图谱是对语义网络标准与技术的一次扬弃与升华。

3．自然语言处理

自然语言处理是一门通过建立形式化的计算模型来分析、理解和处理自然语言的学科，也是一门交叉学科，涉及语言学、计算机科学、数学等领域。它被誉为"人工智能皇冠上的明珠"。

4．计算机视觉

计算机视觉是一门使用计算机模仿人类视觉系统的科学，它能让计算机拥有类似人类提取、处理、理解和分析图像及图像序列的能力。实验证实：视觉信息占人类获得的全部信息的 83%。视觉的重要性可见一斑。作为人工智能感知层上最重要的核心技术之一，计算机视觉也是目前落地最广的技术之一。

5．人机交互

人机交互是围绕设计、评价和实现供人们使用的交互式计算机系统而展开研究的科学。人机交互的理论基础是认知心理学和人机工程学，与多媒体技术、虚拟现实、增强现实相互交叉和渗透。

6. 生物特征识别

生物特征识别是通过个体生理特征或行为特征对个体身份进行识别认证的技术。

7. 虚拟现实和增强现实

虚拟现实和增强现实是以计算机为核心的新型视听技术。虚拟现实有交互性、沉浸性和想象性三大特点。

9.4.2 人工智能在物流行业中的具体应用

人工智能同样给物流行业带来了革命性的改变，使数据驱动物流成为现实。

1. 客户服务

智能客服系统利用语音识别技术实现了客户语音的自动可视化、智能分析与智能回答，可以提供 7×24 小时的服务，极大地降低了人工客服的工作强度。

2. 作业场地管理

在智能仓储管理中，相关人员可以利用深度学习技术测算数百万最小存货单位货物的体积数据和包装箱尺寸，智能地计算并推荐耗材和打包排序；可以利用计算机视觉、无人机等技术实现货物种类和数量的快速盘点；可以利用图像、视频分析技术实施实时的异常监控，为管理者提供指挥调度、异常调查的依据；还可以实现订单的跟踪管理，减少货物的损毁和丢失。

3. 运输管理

深度学习等技术解决了物流运输中的车货匹配问题，提升了车货匹配平台的智能化水平，降低了物流的运行成本。自动驾驶技术颠覆了现有运输模式，更加高效安全，同时也减少了人力依赖，提升了运输效率。

4. 配送末端运营

在营业网点，人工智能机器人可以辅助工作人员完成入库操作；在驿站，工作人员利用图像识别技术可以实现收件人识别，从而减轻工作人员的工作强度。

5．经营管理

比如，相关人员可结合机器学习、深度学习等技术，对采购数据进行分析与挖掘，做出科学的采购决策；利用相关技术对财务数据进行自动采集、分析与处理，可提高财务的处理能力，提升评估风险和风险管控水平。

9.5 区块链技术

9.5.1 区块链技术的概念

区块链技术也被称为分布式账本技术，指在对等网络环境下，通过透明和可信规则，构建不可伪造、不可篡改和可追溯的块链式数据结构，实现事务处理的模式创新，有效建立其参与主体间的信任关系，实现点对点的价值转移。区块链技术本质上是一种数据库技术。每个区块就像一个硬盘，先把信息全部保存下来，再通过密码学技术对其进行加密，这样，这些被保存的信息就无法被篡改了。

简言之，区块链技术是分布式数据存储、点对点传输、共识机制、加密算法等计算机技术的新型应用模式。

区块链技术是利用块链式数据结构来验证和存储数据，利用分布式节点共识算法来生成和更新数据，利用密码学技术来保证数据传输和访问的安全性，利用智能合约来编程和操作数据的一种分布式基础架构与计算范式。

区块链技术是比特币的核心构成，同时也是区块链技术的首个成功应用案例。以 A 向 B 进行比特币交易为例，交易执行的流程如下。首先，A 会将交易请求附上 B 的公钥，并使用自己的私钥对请求进行加密，同时将自己的公钥附加于该请求中。接着，A 将这一加密请求广播至 P2P（点对点）网络，P2P 网络在接收到请求后会先使用 A 的公钥对信息解密，并根据 B 的公钥及交易详情进行验证，以确保比特币从 A 的公钥成功转移至 B 的公钥。随后，矿工们尝试将此次交易打包入数据块内。在 P2P 网络中有超过 6 个节点验证了这个区块后，交易便会被永久记录至区块链中。

区块链系统可以分为六个层次：数据层、网络层、共识层、激励层、合约层和应用层。数据层负责封装底层数据区块及其加密和时间戳等基本信息和算法；网络层则涉及分布式结构的建立、数据的传播和验证机制；共识层封装了节点间的各种共识算法，确保网络的一致性；激励层通过经济奖励机制鼓励网络参与者贡献资源，包括奖励的生成和分配机制；合约层包含不同脚本、算法和智能合约，是区块链编程功能的核心；应用层则负责将区块链技术扩展至各种具体的应用场景和案例中。这六个层次共同构成了区块链技术复杂而全面的架构系统。

区块链技术在物流行业中的典型应用如下。

1. 实现物流信息安全、不可篡改

区块链技术的应用使货物的全链条信息都被记录下来，保证了信息的公开性和透明性。这样在出现货物损毁和丢失时，可以明确各相关方的责任。

2. 解决信用评价问题

供应链各参与方的信息被记录到了区块链中，基于其真实性和公开性，可以有效解决企业信用评价问题。

3. 提升信息高效共享

在国际物流供应链中，基于区块链技术，参与主体在平等的地位上进行信息交换，大大提高了信息交换效率和安全性。

王双双等（2021）提出将区块链技术用在小红书系统中，即将海外正品存证信息上链，同时结合物联网技术，使用户实现止品溯源与追踪。这有利丁增强小红书用户的黏性与忠诚度。

4. 解决快递诈骗问题

利用区块链系统中身份无法伪造的特点，可防止"货到付款"等欺诈行为的产生。

9.5.2　区块链技术的影响

1．优化运输路线，简化流程

区块链技术可以聚合多方数据，协调多个物流服务商运输间的物流，并改善传统的通过人工的方式去调度运载工具的问题，进而优化货物运输的路线，提高现有物流流程的整体效率。

2．商品溯源

在医药、食品安全和赝品问题频发的当下，相关利益者追溯产品源头的需求大大增加。区块链技术因具备数据不可篡改的特性，可以提高产品信息的安全性和可追溯性，从而提高中间环节的透明度。从商家的角度来说，他们可以用这些信息为运输中的产品提供合法性证明和真伪证明。从消费者的角度来说，他们可以找到更多关于自己购买的产品的信息，比如产品是不是原装的，是不是在正确的生产条件下生产、加工和运输的。

3．融资

2018 年 9 月，首单区块链融资业务落地深圳，试运行现场，某比亚迪供应商向湾区贸易金融区块链平台的一家银行提出贷款申请，只花费 20 分钟就完成了原本线下需要十几天才能完成的融资。一般物流企业要融资，即使有资质，按照传统模式，也要接受银行的线下审核，这一过程更多依赖于人和仓单，难以保证信息的真实性、及时性和准确性。同时，物流企业的最终获得成本也很高。而通过区块链平台就能够降低物流企业的融资难度和融资成本。例如，在传统模式下，中小微企业的融资成本可能在年化 7%～8%，借助平台区块链技术，融资成本可能降至 6%，甚至 5.5%。

4．电子单据

物流行业长期存在互联网化低、信用痛点高等问题。物流行业每年有 300 亿张单据，每张单据的综合成本能达到 2～5 元。一个单据从发行到最后回到开单人手中基本需要一个月的时间。在传递过程中，因为物流的链条非常长，所以会存在单据被篡改、丢失等问题。为避免这些情况，物流企业花费了大量的人力去对单。虽然传统的信息化可以实现单据线上化，但是无法保障数据的安全性和保密性。

基于区块链做的单据可以很好地解决上述问题。利用区块链可以把单据所必需的细节（如装运描述、数量和目的地，以及必须如何处理和计费等信息）存储在不可篡改的链上单据上，且允许每个利益相关方查询物流的进度及货物的位置，而通过公私钥的方式提取货物代替大量纸质单据的交互，在一定程度上统一了利益相关方的沟通方式。

5. 航运物流

据估计，每年处理、管理航运产品所需贸易文书工作的最高成本占到了实际运输成本的约 1/5；一个集装箱在港口花费的时间常常比其跨越大洋的时间还长。

2018 年 8 月 9 日，IBM 和全球航运巨头马士基宣布已有 94 家公司和机构加入了其共同开发的一个区块链平台，1.54 亿次航运事件已经被捕获。该平台名为 TradeLens，目的是通过将端到端的供应链流程电子化，来帮助管理和追踪航运文件记录。该平台可以为客户提供端到端的解决方案，而不只是将集装箱从一个港口运到另一个港口；加快了交易速度，并可节省数十美元的资金。据统计，该平台能使运输时间平均下降 40%；使每个参与者更容易获得提单卫生证书、发票和其他必要文件，将文书处理问题减少了 90%。

9.6　全产业链解决方案

将来的物流企业不仅专注于跨境物流这个单一赛道，还会将触角延伸到跨境出口的每一个环节，如供应链金融、跨境电商报关线上化、头程收货网络化、拖车资源管理、跨境企业的税务合法化、正规结汇、保险等方方面面。只有提供全产业链解决方案的物流企业，才能跟客户深度绑定，为客户创造终身价值。

在未来的跨境物流赛道上，海外资源会成为核心竞争力。其中，海外仓就是最重要的资源之一。未来的海外仓将呈现出四个特点：全球化、差异化、网络化、智能化。

1. 全球化

一是全球范围内海外仓面积持续迅猛增长，建仓、扩仓潮仍在延续。根据 CBRE 研究，电商销售额每增加 10 亿美元，就会产生约 12 万平方米的仓库租赁需求。

二是海外仓从传统热门的欧美国家走向东南亚、南美洲等新兴国家和地区，仓储网络布局全球化。比如，联宇物流从 2020 年开始布局和完善自己的日本海外仓和墨西哥海外仓。

2. 差异化

第一代差异化是大件仓。大件包裹比例在 2019 年达到 60%，平均重量从 2016 年的 800g 涨到 2018 年的近 1500g。商家可以通过经营更重的商品获得经营优势，同时甩开更多竞争对手。

第二代差异化是专业仓——正在迅速扩张。随着更多工厂和贸易型品牌商进入跨境电商行业，客户需求也从简单的仓配和转运业务发展为更加多元化和专业化的线上线下 B2B 配送、分拨，产品安装、维修，以及供应链金融等综合型服务。海外仓将协助商家实现差异化的物流供应链规划，提供定制化服务，以专业品类个性服务参与到产品价值链的分工中去。已经有了细分领域的专业仓（如小家电仓、家具仓、汽配仓、工具仓等），应加快升级相关增值服务，以增强商家的出海竞争力。

3. 网络化

仓储布局与人口的地区分布应高度一致。例如，在美国东部、南部、西部进行三仓布局的海外仓，可以帮助商家降低物流费用，同时提高物流时效，其意义重大。进入网络化时代就意味着进入了服务时代，而不再是单纯比拼价格的时代。随着跨境电商的发展，海外仓的覆盖范围将不断扩大，未来仓储网络将进入分级网络化布局，形成多级的网络体系，更加贴近消费者。

4. 智能化

对于海外仓企业来说，随着海外仓规模的不断扩大，大量员工成本逐渐成为企业的不可承受之重，而技术的投入资金相比于越来越大的企业规模显得愈发可以承受。技术资金的投入有助于提高建仓的标准化程度，打破团队规模的管理瓶颈。

当跨境电商订单量达到日均百万、千万级别时，进行库内智能化改造势在必行——大规模采购出口设备，同时引入人工智能平台。届时，物流企业或海外仓企业，将变成披着物流"外衣"的科技公司。

科技破局、科技赋能、科技驱动,海外仓企业需要加大智能化投入,逐步推动经营向纵深发展,而不是简简单单停留在扮演仓库搬运工的角色。

本章习题

一、名词解释

1. 大数据技术
2. 物联网

二、选择题

(多选)大数据技术在物流行业的作用包含(   )。

A. 为客户提供更好的服务体验   B. 使企业及时掌握运营情况

C. 实现企业内部作业的智能化管理   D. 帮助企业做出正确的决策

三、填空题

在未来的跨境物流赛道上,海外资源会成为核心竞争力。其中,海外仓就是最重要的资源。未来海外仓将呈现_____、_____、_____、_____四个特点。

四、简答题

人工智能在物流企业中的具体应用场景有哪些?

附录 A 习题答案

第1章

一、名词解释

跨境电商物流是指隶属于不同国家或地区的交易主体通过电商的方式达成交易，并在进行支付清算后通过跨境物流送达商品，进而完成交易的一种商务活动。

二、选择题

D

三、填空题

1. 万国邮政联盟
2. 头程运输　仓储管理　本地配送

四、简答题

（1）跨境交易的主体分别隶属于两个不同的关境。

（2）由于商品需要实现位置的跨境转移，因此跨境电商物流通常由境内物流、国际干线物流、目标国家（地区）物流三部分构成。

第2章

一、名词解释

1. 第一方物流即卖方提供的物流运输服务，通常被理解为自营物流。
2. TEU 即国际标准箱单位。

二、选择题

B

三、填空题

1. 直发类物流　海外仓
2. 邮政物流　专线物流　商业快递

四、简答题

1. 运送量大，速度快，成本较低，一般不受气候条件限制，适用于大宗、笨重货物的长途运输。

2. 价格低、通关查验率低。

第3章

一、选择题

1. 单选题

（1）A　　（2）A

2. 多选题

（1）ABCD　　（2）ABCD

二、填空题

1. Regional Comprehensive Economic Partnership
2. Fulfilment by Amazon

三、问答题

1. 跨境电商物流的发展历程可以分为三个阶段。最初阶段是由于电商的兴起和互联网的发展，形成了跨境电商的概念。之后，随着对物流服务需求的增加，物流企业开始提供跨境物流服务。

重要的里程碑包括跨境电商平台的兴起，物流企业的全球化拓展，以及物流技术和解决方案的创新。

2．跨境电商物流面临着许多挑战和障碍。其中包括复杂的海关和税务程序，跨国运输和配送的高成本，以及物流链条上的信息不对称等。

这些挑战和障碍影响了物流效率和服务质量，需要行业各方共同努力解决。

3．随着跨境电商物流的发展，企业的竞争格局发生了变化。早期阶段，大型物流企业和电商平台占据主导地位。随着市场的发展和竞争的加剧，新进入市场的企业通过创新和差异化来与现有的巨头竞争，比如提供特定行业的专业物流服务或使用先进的技术解决方案。

第 4 章

一、选择题

1．单选题

（1）B （2）B （3）B

2．多选题

（1）ABCD （2）ABCD

二、填空题

1．入仓 测量 理货 打单

2．拆柜 理货 上架

3．海洋运输 公路运输 航空运输 铁路运输 国际商业快递运输

三、问答题

1．海关清关是一个重要环节，涉及以下程序。

报关单准备：跨境电商物流企业需要准备和提交相关报关单，包括出口报关单和进口报关单。报关单中需要提供货物的详细描述、价值、数量、产地等信息。

资料准备：除了报关单，跨境电商物流企业还需要准备其他相关资料，如商业发票、运输文件、货物清单等。这些资料需要按照海关要求填写和提交。

海关申报：根据各国海关的要求，跨境电商物流企业需要将报关单和相关资料提交给海关进行申报。此外，可能需要提供进口许可证、健康证书、产地证明等文件。

海关审核和检查：海关会进行审核和检查，以确保货物的合法性和安全性。其内容包括文件审核、实物查验、抽样检测等。

关税及其他税费缴纳：根据各国的税法和税率，进口货物可能需要缴纳关税、增值税、消费税等税费。跨境电商物流企业需要向海关缴纳这些税费。

海关放行：海关在完成所有必要的程序后，会核准货物的通关，允许货物进入或离开本国家或地区。

2. 跨境电商物流的运输成本主要包括以下方面。

运输费用：包括国际运输费、内陆运输费，以及相关附加费用（如燃油附加费、关税等）。

包装费用：包括商品包装材料的成本和包装操作的费用。

保险费用：为保证货物在运输过程中的安全，可能需要购买货物运输保险。保险费用是一个额外的成本。

物流仓储费用：如果需要在目的地进行仓储操作，就会涉及仓储租赁费用、仓储管理费用等。

为降低跨境电商物流的运输成本，跨境电商物流企业可以考虑以下措施。

优化运输方式：根据货物的特性和时效要求选择合适的运输方式，以获得更具竞争力的运输费率。

整合物流资源：通过整合多个订单以减少单个订单运输的频率，从而降低运输成本。

货权转移：将货权从卖家转移到买家时可以利用当地的物流资源，以避免产生高额的跨境运输费用。

优化包装设计：合理设计包装，减少包装材料的使用，以降低包装费用和减少运输货物的重量和体积。

选择合适的物流合作伙伴：寻找可靠的物流合作伙伴，与其建立长期合作关系，以获得更优惠的运输费率和更高效的物流服务。

优化仓储管理：合理规划仓储空间，提高仓储效率，降低仓储成本。

利用电商平台和物流技术：利用电商平台和物流技术实现信息化、智能化的物流管理，提高运输效率，降低运输成本。

以上措施可以有效地降低跨境电商物流的运输成本，提升物流效率，增加企业竞争力。

3.跨境电商物流企业需要适应不同国家和地区的法规和要求，应对可能的变化和挑战，可以考虑以下几个方面。

研究目标国家和地区的法规和要求：了解目标国家和地区的海关、税收、贸易政策等法规和要求，包括进出口限制、产品标准、报关程序等。跨境电商物流企业可以通过咨询相关部门、雇佣专业顾问或与当地的合作伙伴合作来获取这些信息。

建立合适的流程和制度：根据目标国家和地区的法规和要求建立合适的流程和制度，确保跨境电商物流的合规性，包括准备报关文件、办理相关证书、遵守产品标准等。

寻找第三方服务提供商：可以与专业的第三方服务提供商合作（第三方服务提供商要熟悉不同国家和地区的法规和要求，并能提供相应的服务和支持）。

持续学习和更新：由于国际贸易法规和要求不断变化，企业需要持续学习，了解最新的法规和要求。企业可以参加相关行业的培训和研讨会，关注政府部门和行业组织发布的公告和通知，从而及时更新自己的操作流程和制度。

灵活应对变化和挑战：企业需要具备灵活应对的能力，及时调整自己的操作流程和制度，同时与第三方服务提供商保持沟通，共同应对可能的变化和挑战。

以上措施可以帮助企业适应不同国家和地区的法规和要求，应对可能的变化和挑战。

第 5 章

一、名词解释

1. FBA，Fulfillment by Amazon，亚马逊仓储物流服务，即由亚马逊仓库提供的代发服务。

2. WFS 是 Walmart Fulfillment Services 的简称，是类似亚马逊 FBA 的仓储和配送服务。

二、选择题

D

三、填空题

1. FBA　FBM
2. 获得询盘　B2B　优质询盘

四、简答题

1. 亚马逊是全球流量最大和商品交易总额最高的电商平台，该平台相对而言操作比较复杂，但流量较大，订单稳定，是众多电商卖家最依赖的平台。相对而言，沃尔玛平台操作更简单，可以作为拥有海外仓的卖家的一个非常有潜力的销售渠道。

2. 阿里巴巴国际站是 B2B 网站。阿里巴巴国际站物流已覆盖全球 200 多个国家地区，并有超过 20 万家的企业入驻，他们在这里通过网站跨境采购或者对海外销售产品。阿里巴巴国际站更多的买家并不是 C 类用户，而是海外的企业。相对于 B2C 平台，B2B 平台的客户体量更大，也更有挑战性。

第 6 章

一、名词解释

1. 海外仓：位于海外销售目的国，主要服务于目的国市场并通过本地化方式运营的仓储实体。

2. 头程物流：商家把自己在电商平台上销售的产品直接送到当地的仓库中的这一段物流过程。

二、选择题

C

三、填空题

1. 美西　美中　美东
2. 入库费用　堆存费用　出库费用　中转费用　增值服务费用

四、简答题

1. 首先，根据自己产品到底是小件产品还是大件产品来选择仓储方式。其次，根据自己产品的主要销售区域选择仓库位置。最后，注意海外仓的服务费用和服务内容，并注意对比价格。综上所述，在选择海外仓时，一定要根据自己产品的情况，因地制宜地选择仓储方式。

2. 主要包含用户设置、入库管理、预约管理、仓库转运、仓库调拨、销售管理和销毁弃货。在操作海外仓系统的时候，应注意按照流程操作，并注意细节，尤其是在输入产品的尺寸和数量的时候，应该做到细致认真，一旦出错，就有可能造成一定的损失。

第 7 章

一、名词解释

物流信息是指与物流活动有关的一切信息，包括商品在包装、存储、分拣、装卸、运输等各个物流环节中生成的动态信息，以及为了支撑物流系统运作而产生的静态信息。

二、选择题

1. A
2. ABC

三、填空题

1. 输入 存储 处理 输出 控制
2. 广泛性 复杂性 动态性

四、简答题

1. 有利于提升客户服务水平、运营和决策能力；有利于提升企业的国际知名度；有利于推动产业结构升级；有利于构建企业核心竞争力；有利于推动建立智慧物流体系。

2. 企业的最终目的是盈利，因此在耗费大量资金建设跨境电商物流信息系统时要思考成本与利益是否能成正比。

第8章

一、名词解释

1. 条形码亦被称为条码，是一系列按照特定编码规则排列的具有不同宽度的多个条纹和空白所构成的图形符号，用于表示包含数字、字母或特殊字符的信息。

2. 二维码是一种以0和1组成的数字矩阵，通过在水平和垂直方向上按照特定规律排列的黑白几何图形来记录数据信息的图形符号。

二、选择题

1. ABCD
2. ABCD

三、填空题

物流对象 物流基础设施 物流作业节点 物流作业主体 物流单证 物流信息

四、简答题

1. 信息分类是将拥有相似属性或特征的信息集中到一起，并将不共享这些属性或特征的信息予以区分的过程。

2. 分拣作业是指根据配送计划或订单需求，从存储位置或特定区域迅速而精确地挑选商品（货物），并依照既定方法进行归类和整合的作业过程。

第9章

一、名词解释

1. 大数据技术是指应用于大数据处理与分析的技术，包括各种大数据平台、大数据指标体系，以及与大数据应用相关的技术。

2. 物联网是指通过红外感应器、全球定位系统和激光扫描器等信息传感设备，依据约定的协议，将各类物品与互联网连接起来，进行信息交换与通信，以实现智能化识别、定位、跟踪、监控和管理的网络。

二、选择题

ABCD

三、填空题

全球化　差异化　网络化　智能化

四、简答题

具体应用场景：客户服务、作业场地管理、运输管理、配送末端运营、经营管理。